ARQUITETO DA CIDADANIA

Arquiteto da cidadania

1ª edição: Agosto 2025

Autor:
Maurício Oliveira

Preparação de texto:
Flavia Araujo

Revisão:
Daniela Georgeto
Rebeca Michelotti

Projeto gráfico:
Gabriel Silva

Capa:
Dimitry Uziel

Foto:
Renato Suzuki dos Santos

Impressão:
Plena Print

DADOS INTERNACIONAIS DE CATALOGAÇÃO NA PUBLICAÇÃO (CIP)

Oliveira, Maurício
Arquiteto da cidadania: o papel de Antonio Araldo Ferraz Dal Pozzo na construção de um Ministério Público autônomo e forte / Maurício Oliveira. — Porto Alegre: Citadel, 2025.
176 p.

ISBN 978-65-5047-673-1

1. Pozzo, Antonio Araldo Ferraz Dal – Biografia 2. Brasil – Ministério Público do Estado de São Paulo I. Título

25-3641 CDD – 920.71

Angélica Ilacqua – Bibliotecária – CRB-8/7057

Produção editorial e distribuição:

CITADEL Grupo Editorial
contato@citadel.com.br
www.citadel.com.br

ARQUITETO DA CIDADANIA

O PAPEL DE **ANTONIO ARALDO FERRAZ DAL POZZO**
NA CONSTRUÇÃO DE UM MINISTÉRIO PÚBLICO AUTÔNOMO E FORTE

POR
MAURÍCIO OLIVEIRA

CITADEL
Grupo Editorial
2025

SUMÁRIO

PREFÁCIO

DR. ARALDO, REFERÊNCIA PARA O MINISTÉRIO PÚBLICO

Mario Sarrubbo, ex-Procurador-Geral de Justiça do Estado de São Paulo e atualmente no comando da Secretaria Nacional de Segurança Pública, do Ministério da Justiça, indicado pelo Ministro Ricardo Lewandowski

Quando eu era um jovem estudante de Direito, o nome Antonio Araldo Ferraz Dal Pozzo soava quase como uma entidade. Eu via esse nome nas reportagens, nos artigos e nos livros que descreviam o trabalho incansável realizado antes e durante a Constituinte para desenhar e consolidar o Ministério Público tal qual a instituição é hoje.

Essas informações certamente me influenciaram a atuar como promotor de Justiça e prestar concurso para o Ministério Público de São Paulo – onde iniciei em 1989, ano seguinte ao da promulgação da Constituição.

Nessa época, Dr. Araldo estava à frente da Conamp, a Associação Nacional dos Membros do Ministério Público. Em 1990, quando terminou o mandato de Cláudio Alvarenga como Procurador-Geral de Justiça do Estado de São Paulo, quem assumiu foi justamente o Dr. Araldo. Àquela altura, eu já o via como um conhecido de longa data – embora ele, naturalmente, nem soubesse da existência daquele jovem promotor substituto.

Lembro muito claramente da atuação impactante do Dr. Araldo como chefe da instituição. Ele nos convocou para um grande evento no Memorial da América Latina, mas não informou previamente qual seria a pauta do encontro. Mesmo assim, todos comparecemos em peso, dos mais jovens aos mais experientes. Sabíamos que, vindo do Dr. Araldo, seria algo importante, como de fato foi.

Naquela ocasião ele apresentou a visão de um novo Ministério Público de São Paulo, em que os promotores deixariam de atuar de forma isolada, como ilhas, e passariam a compartilhar uma visão estratégica de conjunto, como parte de um colegiado. Uma atuação que precisaria se tornar muito mais preventiva do que reativa para combater na raiz os grandes problemas da sociedade, que eram as causas estruturais da criminalidade.

Essas mudanças foram rapidamente implementadas – inclusive em Araçatuba, onde eu trabalhava à época – e seriam inspiração para o modelo institucional que se disseminou por todo o país. Com elas, veio uma grande melhoria nas condições de trabalho, incluindo infraestrutura e pessoal de apoio.

Dr. Araldo dizia que a Constituição Federal de 1988 havia transformado o Ministério Público no grande fiador dos direitos da população, mas lembrava que esses avanços dependiam de colocar em prática o que estava escrito. Tudo aquilo precisava ser convertido em avanços reais, percebidos pela população no cotidiano.

Com o tempo, aquele nome emblemático ganhou presença real na minha trajetória profissional. Em 2020, tornei-me Procurador-Geral de Justiça do Estado de São Paulo, o mesmo cargo ocupado pelo Dr. Araldo três décadas antes. Era uma grande responsabilidade para mim.

Generoso, ele permaneceu sempre à disposição para me ouvir e me apoiar nos momentos difíceis que o cargo naturalmente envolve. Muitas vezes eu o procurei. Em outras ocasiões, ele ligou espontaneamente diante de alguma notícia ou circunstância. Sua experiência e sua retidão são grandes inspirações, desde os tempos em que eu era quase um menino sonhando em fazer a diferença no mundo, assim como ele havia feito.

> Certa vez eu li, na apresentação de um livro, uma metáfora que nunca esqueci. Comparava a vida ao tecer de um tapete. E é isso mesmo. Há desenhos que a gente não consegue entender enquanto estão sendo produzidos linha a linha, mas lá adiante ficam claros.
>
> **Antonio Araldo Ferraz Dal Pozzo**

INTRODUÇÃO

UMA CONQUISTA HISTÓRICA

Quando percebeu a grande predominância da cor verde no placar de votação, Araldo não conteve a emoção: sentiu as lágrimas descendo pelo rosto. Afinal, tinham sido quase dois anos de dedicação integral à articulação na Constituinte, sob tensão e sacrifícios pessoais. Tudo em nome de uma causa em que acreditava profundamente: a construção de um Ministério Público como instituição essencial para a cidadania dos brasileiros e, mais do que isso, para o futuro do país.

A fase derradeira da missão de Araldo e seus colegas na Constituinte envolveu momentos de sobressalto. Inicialmente, a votação do capítulo do Ministério Público no plenário havia sido marcada para uma segunda-feira. Grande aliado da causa, o deputado Ibsen Pinheiro alertou que não havia maioria naquele dia – por conta disso, não poderiam deixar a votação ocorrer. Foi preciso recorrer a alguns subterfúgios para o adiamento, estratégia repetida até a quinta-feira, sempre à espera de maioria assegurada no plenário.

Na sexta, Araldo foi chamado ao gabinete do senador Mário Covas, líder da bancada do PMDB no Senado. Um assessor perguntou a razão pela qual o texto que iria à votação não fazia referência ao Ministério Público do Tribunal de

Contas. Temendo possíveis dificuldades decorrentes disso, Araldo sentou-se no corredor e redigiu às pressas um artigo adicional tratando do tema.

Com o ajuste feito, o capítulo foi finalmente votado naquele dia, depois de quatro adiamentos. A aprovação pelo plenário suscitou até uma comemoração especial por parte do deputado Ulysses Guimarães, presidente da Assembleia Nacional Constituinte: "Finalmente votamos o Ministério Público! Vamos adiante!".

A nova Constituição foi promulgada em 5 de outubro de 1988. Após 20 meses de trabalho ininterrupto, Araldo se pronunciou naquele momento histórico:

> Eu fiz do Ministério Público a razão de ser de tudo, meu primeiro pensamento do dia, minha última oração da noite. E tudo foi possível somente porque o Ministério Público do Brasil inteiro ajudou muito, cada um da maneira que podia. Nunca ninguém faltou, nunca ninguém disse um não, nunca ninguém se recusou a nenhuma tarefa. Houve um momento, realmente, de grande sintonia nacional.

Por mais que reconhecesse a colaboração dos colegas, todos sabiam que o mérito era especialmente dele. Para compreender como Araldo se tornou o maior responsável pelo desenho que o Ministério Público ganhou na Constituição de 1988, é preciso voltar algumas décadas e conhecer de perto o homem – o que exige começar pelos tempos de menino em Tietê. Como veremos, cada etapa da vida contribuiu para a construção de um legado que hoje é desfrutado por toda a população brasileira.

CAPÍTULO 1

EM BUSCA DE UM SONHO

Meados da década de 1950. Domingo primaveril na pequena Tietê, interior de São Paulo, a 150 quilômetros da capital. Sempre interessados em aproveitar ao máximo cada momento do dia, os meninos planejaram uma das diversões prediletas da turma: entrar na mata para caçar passarinhos com alçapões, arapucas e estilingues.

Em tempos anteriores à conscientização sobre o meio ambiente, o estilingue era o companheiro inseparável de qualquer menino do interior. Ocupava o mesmo espaço que o celular tem hoje: quase uma parte do corpo.

Naquele domingo, como sempre acontece quando as crianças estão se divertindo, o tempo passou voando. Logo o sol estava prestes a desaparecer no horizonte. Era preciso voltar rapidamente, pois havia uma regra de consenso entre as mães e os pais da cidade: criança não podia ficar longe de casa depois do anoitecer. As mais diversas lendas e histórias de assombração reforçavam essa orientação e ajudavam a convencer a meninada a obedecê-la.

O descuido com o horário obrigou o grupo de cinco meninos, todos na faixa dos dez anos, a passar no lusco-fusco por um lugar com fama de assombrado. Tratava-se de um cruzamento com uma grande árvore de cada lado da estrada de terra, cujas copas se uniam no alto.

Tudo o que os meninos desejavam era sentir o alívio de chegar ao ambiente seguro e acolhedor de casa. Os passos se aceleraram, em silêncio – até que o grupo passou, enfim, pelas tenebrosas árvores. Logo na sequência, em meio àquele misto de alívio e de excitação por terem compartilhado um momento tão intenso, um deles olhou para trás e gritou:

– Olha lá, o Cavaleiro de Prata!

Era uma das lendas que mais apavoravam os meninos de Tietê. Dizia-se que o tal cavaleiro aparecia ao anoitecer, com sua armadura brilhante, montado num cavalo branco. Quando uma criança ainda perambulava pelas ruas depois do pôr do sol, corria o risco de ser encontrada por essa figura fantasmagórica, que então a laçaria e a amarraria numa árvore com uma corda mágica. O encanto se prolongaria por toda a noite, até que a corda se dissolvesse com as primeiras luzes do amanhecer.

Gaiolas, alçapões e arapucas voaram longe com o alerta do menino. Todos saíram em disparada, liberando de vez a adrenalina que haviam tentado administrar. Em meio àquela confusão, Dado olhou para trás e, por uma fração de segundo, registrou uma cena que permaneceria para sempre em sua memória: ele viu o Cavaleiro de Prata, brilhante, empinando o cavalo.

Ao relatar essa história com 80 anos, Dr. Araldo não coloca em dúvida o testemunho do pequeno Dado. Se ele diz que viu o Cavaleiro de Prata, viu mesmo! E ponto-final.

Assim era a infância em uma cidadezinha do interior do Brasil: ingênua e mágica. As brincadeiras corriam ao ar livre, em contato próximo com a natureza. Não havia sequer TV à disposição das crianças.

Durante a infância de Dado, nascido em 1945 – um ano de esperança, pois marcou o término da Segunda Guerra –, quem fazia o papel de reunir as pessoas para contar histórias eram os moradores mais antigos da cidade, especialmente os descendentes de africanos que moravam na chamada Rua do Pito Aceso. O nome fazia referência aos homens que ficavam sentados em frente de casa, à noite, apreciando seus cachimbos.

Um dos moradores da Rua do Pito Aceso, o "preto velho" Silvano, gostava de contar histórias de assombração. Depois do jantar, tradicionalmente servido às 17h30 na cidade, a criançada se reunia em torno dele na escadinha do Pátio do Mercado, bem perto de onde morava a família de Dado.

O Pátio do Mercado era uma grande área, cercada por arbustos, que já havia abrigado uma igreja, o antigo cemitério da cidade e o mercado municipal, demolido em 1944 para ampliar o espaço da praça vizinha. Consolidou-se ali um amplo gramado, que fazia a alegria da criançada, pois comportava brincadeiras dos mais diversos tipos. Todos brincavam juntos, sem importar a classe social. As crianças da cidade estavam habituadas ao convívio harmonioso e sem preconceitos, mesmo porque todas estudavam no mesmo colégio público.

O apelido Dado havia sido criado pelo tio Zé Carlos, caçula pelo lado materno, que se tornaria uma grande referência para o menino ao longo da vida. Foi em grande parte por influência do tio que Dado viria a se interessar pelo Direito e também por música, poesia e História.

A mãe de Dado, Margarida, não gostava do próprio nome e preferia ser chamada de Guida, apelido de infância.

Era filha de uma típica família quatrocentona de São Paulo. Com raízes brasileiras por várias gerações, os Ferraz eram cafeicultores e possuíam muitas terras. Já o pai do menino, também chamado Araldo, vinha de origem bem mais simples: era filho de imigrantes italianos que haviam chegado ao Brasil como força de trabalho para a cafeicultura, em substituição aos escravos.

O grande envolvimento de Araldo com as atividades da colônia italiana complicou o início do namoro com Guida, pois havia em Tietê um forte preconceito em relação aos *oriundi*, acentuado pelo fato de que Brasil e Itália haviam ficado em lados opostos na Guerra. O namoro começou às escondidas, mas, com o tempo, foi aceito pela família dela.

Dado nasceu nove meses depois do casamento, indício de que foi concebido na lua de mel. A única irmã, Valéria, apelidada de Léia pelo mesmo tio Zé Carlos, nasceu quatro anos depois. A infância de Dado e Léia foi passada num sobrado alugado, ao lado da fábrica de macarrão que o pai instalou para honrar as tradições herdadas dos antepassados.

Os irmãos cresceram sob a influência de duas partes bem distintas da família. Dado tentava absorver o que havia de melhor em cada lado e equilibrar as influências – o que, de certa forma, definiu em grande parte seu jeito de ver o mundo e sua tendência de analisar as situações sempre por diferentes ângulos.

O lado paterno, italiano, era alegre e festivo. A única integrante dessa parte da família que tinha preocupações intelectuais era tia Leda, irmã de Araldo, que cursava a Faculdade de Filosofia, Ciências e Letras da Universidade de São Paulo (USP). Ela morava na capital e eventualmente visitava Tietê.

Certa vez, Dado viu um livrinho no quarto dela, *Cartas do meu moinho*, do francês Alphonse Daudet. A tia percebeu o interesse do rapaz e o presenteou com a obra, que descrevia o refúgio de um parisiense no interior do país. Dado leu e guardou o livro com muito carinho. De vez em quando voltava a reler aquelas páginas que tanto o encantaram.

Já o lado materno, quatrocentão, era sóbrio e voltado a preocupações intelectuais. Essa ênfase ao conhecimento tinha uma origem bem clara: a bisavó de Dado, Ernestina Camargo Penteado, conhecida na família como Vó Tina, uma mulher admirável. Aprendeu a ler sozinha na fazenda onde morava, por dedução, comparando os sons do Pai-Nosso e da Ave-Maria aos textos escritos. Usou esse mesmo método autodidata para aprender também o francês.

O pequeno Dado com os pais

Guida transferiu aos filhos a paixão pelos livros que havia aprendido com os pais. Quando ela se tornou bibliotecária do Serviço Social da Indústria (Sesi) em Tietê, Dado e Léia passaram a ter livre acesso a uma ampla coleção de obras nacionais e estrangeiras, impulso decisivo para o hábito de leitura que cultuariam pelo resto da vida.

Exigente com o aprendizado das crianças, Guida determinou que o período entre uma e meia e quatro horas da tarde, de segunda a sexta-feira, teria que ser obrigatoriamente dedicado aos estudos. Era algo que Dado cumpria religiosamente, mesmo porque a mãe tomava a lição para averiguar se o tempo estava sendo de fato direcionado ao objetivo. Quando não havia mais matéria da escola para revisar, ele completava o horário com leituras.

Foi assim que Dado leu, por exemplo, toda a coleção infantil de Monteiro Lobato e as aventuras de Tarzan, que se tornou seu grande ídolo. Ele fantasiava ser o Rei das Selvas quando ia à chácara do tio Ésio e, de bermuda, sem camisa e com uma faca na cintura, lutava contra as bananeiras, que cumpriam o papel de inimigos.

Apesar da rigidez dos Ferraz, havia muito afeto e interesse pelas artes nesse lado da família. Todos adoravam poesia. Tio Zé Carlos sabia muitos sonetos decorados e adorava tocar violão. Cantava clássicos da música brasileira e sucessos de estrelas da época, como Francisco Alves e Dalva de Oliveira, além de fazer suas próprias composições.

Apenas 15 anos mais velho que Dado – fator que certamente contribuiu para aproximá-los –, Zé Carlos cursou Direito na USP. Quando Dado tinha oito anos, o tio prestou concurso e foi aprovado em primeiro lugar para o Ministério

Público, com as melhores notas obtidas até então por qualquer candidato. Tornou-se o respeitado Dr. José Carlos de Camargo Ferraz.

Nomeado inicialmente Promotor Público substituto em Santos, Zé Carlos foi transferido para Itararé e Adamantina, até ser promovido para a comarca de Itapira. Sempre que podia, ia a Tietê, visitas que se tornaram uma das lembranças mais felizes para Dado. Zé Carlos era também um grande conhecedor de História, tanto do Brasil quanto universal. O assunto despertava muito interesse em Dado, que ouvia fascinado tudo o que o tio contava a respeito.

Outra referência para Dado era o tio Celso, irmão de Guida e Zé Carlos. Promotor público em Jaboticabal, Antonio Celso de Camargo Ferraz era reconhecido desde cedo pela erudição e capacidade de oratória. Após concluir o secundário no Liceu Rio Branco, em São Paulo, Celso formou-se na Faculdade de Direito do Largo São Francisco, em 1951. Então, prestou concurso e ingressou no Ministério Público de São Paulo, em 1955. Serviu como promotor na comarca de Monte Alto antes de ser transferido para Jaboticabal.

Dado sempre se destacava como o melhor aluno da turma. Com o hábito de estudar diariamente imposto pela mãe, só tirava dez. Além do mais, era o orador e declamador oficial de poesias nas mais diversas festividades e solenidades do Instituto de Educação Plínio Rodrigues de Morais.

Amigo de infância, Fernão Dias de Campos lembra o quanto Dado era focado e determinado desde cedo: "Se ele traçava um plano e estava decidido a seguir esse plano, nada o desviaria", descreve. Muitas vezes, a turma estava na praça, jogando conversa fora, quando Dado anunciava: "Agora tenho que ir, porque preciso estudar". Decisão tomada, nenhum apelo o faria mudar de ideia.

Além dos descendentes de africanos, a diversidade cultural da pequena Tietê incluía um núcleo de imigrantes libaneses, composto por cerca de 15 famílias que se reuniam aos domingos para celebrar a terra natal e preservar tradições, como a gastronomia e a dança. Dessa pequena comunidade libanesa saiu Michel Temer, que viria a ser presidente do Brasil. Cinco anos mais velho que Dado, Michel viveu em Tietê até os 16 anos, quando partiu para continuar os estudos na capital paulista.

Ao completar 14 anos, Dado cumpriu um reconhecido "rito de passagem" da infância para a juventude: passou a frequentar o salão de sinuca da Esportiva, o clube mais conhecido da cidade. Até então, ele sequer tinha calças compridas para participar daquele ambiente. O pai o levou ao alfaiate e encomendaram três calças.

Um frequentador assíduo da Esportiva era Boanerges, primo de Dado que havia recebido o mesmo nome do pai, mas todo mundo o conhecia como Bobe. Três anos mais velho, Bobe já estava enturmado no clube e apresentou Dado aos amigos, de tal forma que ele rapidamente se sentiu em casa.

Embora continuasse firme nos estudos diários, Araldo começou a participar das serenatas com a turma que frequentava a Esportiva. A parte mais divertida eram os ensaios – ocasiões em que os rapazes escolhiam as moças que seriam contempladas e repassavam todas as canções do repertório.

A essa altura, Dado havia estabelecido um acordo com a mãe: continuaria se dedicando bastante aos estudos durante a semana, mas ganharia "passe livre" a partir das quatro horas de sexta até sete da noite de domingo. Ao longo desse intervalo, poderia participar de serenatas, jogar truco, ficar nos bailes até tarde, enfim, fazer o que bem entendesse.

Os bacharelandos de 1959 do Instituto de Educação Plínio Rodrigues de Morais tiveram a cerimônia de colação de grau realizada em 21 de fevereiro de 1960. Por sugestão e influência dos tios Zé Carlos e Celso, Dado planejava fazer a Faculdade de Direito do Largo São Francisco, seguida pelo concurso para Promotor Público. Reproduziria, assim, a trajetória bem-sucedida de ambos.

Diante dessa perspectiva, a melhor opção para Dado em Tietê seria o curso Clássico, só que não havia alunos suficientes para formar uma turma naquele momento. Assim, restou o Curso Normal, que adicionalmente apresentava a vantagem de permitir a ele a atuação como professor primário, em São Paulo, durante os anos da faculdade de Direito.

Dado e seus pais sabiam que seria preciso encontrar uma forma para que o rapaz se sustentasse durante os anos de estudo, pois a situação financeira da família não era das melhores naquela fase – a fábrica de macarrão sofria com a falta de trigo no mercado.

A mãe de Dado estabeleceu como meta a conquista, por ele, da cadeira-prêmio. Tratava-se de um incentivo, criado pelo governo estadual, que dava direito de ingresso como professor efetivo sem passar pelas agruras do concurso e dos encargos de substituto. O prêmio era conferido ao aluno com melhores notas em cada cidade, desde que conseguisse média igual ou superior a nove durante os três anos do Curso Normal.

Dado teria que continuar se dedicando o máximo que pudesse aos estudos. Ele se sentia à vontade para compartilhar as decepções e as esperanças com o tio Zé Carlos, que era muito acolhedor e sensível a esse tipo de reflexão. Uma carta que o tio lhe escreveu de Itapira, em 4 de novembro de 1961, dá a entender que o sobrinho havia falado sobre a relação com Tietê e a sensação de que estava chegando o momento de se afastar da cidade natal:

> Querido sobrinho,
>
> Cansados, às vezes, da desoladora paisagem do outono, permite Deus que deparemos, no curso de uma caminhada, com a graça de uma flor, nascida ao acaso, à sombra úmida de um velho muro. Dupla alegria! A beleza natural, intrínseca da flor e o inestimável valor de sua raridade.
>
> Sua carta produziu, em minha sensibilidade, o efeito redobrado da flor entreaberta na estação outonal. Li-a, meditei-a; voltei a lê-la, buscando em cada frase o estado de espírito que a gerou. Cada pormenor ganhou, pouco a pouco, significado próprio.
>
> Talvez, em dias futuros, você venha a ter, como seu tio, outra cidade "adotiva". Mas, substancialmente idêntico ao que é agora, você há de sentir-se outro. Todos evoluímos, como a vida evolui.
>
> Não quero sacrificar a verdade à poesia, fazendo pensar em um saudosismo que não sinto. Recordo todo o meu passado com natural prazer, mas não o trocaria pelo meu presente. Sou mais feliz agora do que jamais o fui em épocas passadas. Essa felicidade não resulta de fatos exteriores, por mais importantes que possam ser. É um estado de alma.
>
> Estude, meu querido. Ame, trabalhe e confie. Ame, sobretudo. Ao bem e à verdade. Aqui, ainda, se Deus o

quiser, e lá, certamente, lá no Grande Futuro, estaremos irmanados na causa do bem. Já não me sinto mais separado de você agora. Estamos juntos, desde já.

Zé Carlos.

No último ano do Curso Normal, além de buscar as notas que lhe assegurariam a cadeira-prêmio, Dado estudava fortemente para o vestibular. Como as vagas no curso no Largo São Francisco eram muito disputadas, seria preciso ter ótimo desempenho na prova. Sem condições financeiras de fazer cursinho, ele obteve apostilas usadas e lia tudo o que lhe caísse às mãos, sobre os mais diversos assuntos.

Em 22 de dezembro de 1962, aconteceu a formatura da 22ª turma de professorandos do Instituto de Educação, com 18 integrantes, dos quais apenas três rapazes. Como sempre, Dado foi o orador. Ao final de um discurso aplaudido de pé por longo tempo, muita gente chorou com as palavras do rapaz: colegas, pais, professores, funcionários da escola.

Sem relaxar no final do ano, Dado aproveitou cada dia para reforçar os estudos, mesmo na semana entre Natal e Ano-novo. Foi passar um período na casa de Zé Carlos, que continuava trabalhando como Promotor Público em Itapira, para se concentrar nos preparativos. Na verdade, era a casa da sogra do tio, onde Zé Carlos construíra, nos fundos, um cômodo que funcionava como uma espécie de sala aberta.

Com duas redes, algumas cadeiras e uma mesa, o local era perfeito para estudar. Lá o tio costumava fazer orações com a esposa, Lia. Ele havia se tornado espírita alguns anos antes, como resultado de uma experiência marcante.

Até então, Zé Carlos era ateu e não acreditava em nada além do mundo concreto. Certo dia, o dono de um cartório em Itapira, Benedito, o convidou para participar de uma sessão espírita. Solteiro, numa noite de sábado em cidade pequena, ele decidiu ir, mais por falta de alternativas de lazer do que propriamente por estar interessado no assunto.

O grupo usou um tabuleiro com as letras do alfabeto dispostas em círculo e se valia de um copo, sobre o qual todos punham o dedo indicador, para estabelecer a comunicação com os mortos. O copo deveria "escrever" a mensagem, percorrendo as letras. Logo no início da sessão, manifestou-se um espírito que se identificou como a mãe de Zé Carlos – ou seja, Maria Augusta, a avó materna de Dado.

Pediram a Zé Carlos que fizesse uma pergunta que só a mãe saberia responder. Ele concordou, mas, cético, disse que faria a pergunta apenas mentalmente e retiraria seu dedo do copo. "Como se chamava a minha primeira babá?" E o copo percorreu o tabuleiro, letra a letra, com a resposta correta.

O rapaz mal podia acreditar no que estava vendo. Fez mais algumas perguntas e todas foram respondidas corretamente. Diante dessa prova que considerou irrefutável, Zé Carlos passou a acreditar completamente na vida após a morte. Virou aquela noite em claro, no hotel em que estava hospedado, embasbacado com tudo o que havia presenciado.

A partir dali, o tio de Dado começou a estudar profundamente a doutrina espírita. Desapegou-se de bens materiais – doou os mais de 20 ternos que tinha, ficando com apenas um, para a atuação forense. Direcionou seu trabalho para o atendimento aos pobres. Inspirado na iniciativa de uma instituição espírita de Poços de Caldas (MG), criou em Itapira o Serviço de Obras Sociais (SOS), entidade que se tornou modelo de assistência e amparo aos necessitados.

Como o promotor da cidade é o curador das fundações da comarca, Zé Carlos passou a cuidar do hospital psiquiátrico Américo Bairral, uma fundação espírita. Sob suas orientações, o hospital ganhou atendimento mais humanizado, com a instituição da laborterapia, abordagem terapêutica que utiliza atividades laborais para ajudar as pessoas a lidarem com problemas psicológicos. A partir de então, o Américo Bairral consolidou-se como um dos mais respeitados centros psiquiátricos da América Latina.

Quando Zé Carlos voltava do trabalho, no final da tarde, sentava-se em uma das redes e conversava com Dado sobre os estudos do dia. O tio sempre trazia informações adicionais a qualquer tema. Era uma aula diária. Ali Dado permaneceu durante todo o mês de dezembro e metade de janeiro, quando voltou a Tietê – onde continuou focado nos estudos, já que o vestibular ocorreria no início de fevereiro.

Na véspera da prova, o pai o levou a São Paulo. Eles ficariam no apartamento de uma tia, Lenita, no Largo do Arouche. No primeiro dia do vestibular, foram caminhando até a Faculdade de Direito, que Dado não conhecia. Quando chegou, o rapaz do interior se sentiu minúsculo diante das venerandas Arcadas, de tantas tradições. As pernas chegaram a tremer.

A tensão era grande, pois a prova começaria logo pela parte de Língua Portuguesa, eliminatória. A dissertação não era uma preocupação para Dado, que sempre se virou bem na escrita. A parte de Gramática foi enfrentada com a mesma tranquilidade. Quanto à Literatura, restaram poucas dúvidas, graças, em grande parte, às "lições extras" dadas pelo tio Zé Carlos.

Pai e filho voltaram para Tietê e iniciaram a espera pelo resultado da primeira prova, que demoraria alguns dias para sair. Foi um grande alívio quando chegou a confirmação de que Dado havia superado a fase inicial. No retorno a São Paulo para a etapa seguinte, dessa vez ele viajou sozinho, hospedando-se novamente no apartamento de tia Lenita.

A prova de idioma estrangeiro – Dado escolheu inglês – envolveu um texto sobre Economia, assunto que ele conhecia razoavelmente. No momento da prova de História Geral, o rapaz não conteve o sorriso quando descobriu que o tema principal das questões seria Roma Antiga. Por uma incrível coincidência, na véspera ele estava no sofá-cama da casa da tia, com alguns livros e apostilas de História, quando decidiu escolher um aleatoriamente, de olhos fechados, para um último esforço de estudo. E a matéria sorteada foi justamente sobre Roma Antiga!

Terminada a segunda etapa da prova, Dado voltou para Tietê e, pela primeira vez em muito tempo, relaxou verdadeiramente. Aproveitou o final do mês sem preocupações com estudos. Quando saiu o resultado do vestibular, depois do carnaval, foi uma festa na cidade: Dado havia sido aprovado. Muita gente foi cumprimentá-lo em casa.

A sensação do rapaz era de realização e entusiasmo, mas também de preocupação com a organização prática da vida dali em diante. Para se manter, ele precisaria conciliar a faculdade com um trabalho. Esperava obter logo a vaga como professor na rede estadual, prometida pela cadeira-prêmio, mas não tinha certeza se o processo seria resolvido com a urgência necessária. Nesse meio-tempo, sairia à procura de alguma outra atividade.

Durante os primeiros tempos, ele ficou no quarto de pensão que seu avô materno, Antonio Ferraz, estava ocupando na capital, para onde havia se mudado depois de enviuvar. Havia se tornado mais um solitário na cidade grande, de tal forma que a presença do neto foi bem-vinda naquele momento.

Havia um descompasso entre o ritmo dos dois, no entanto. O avô dormia sempre antes das dez da noite. Esse limite de horário acabou sendo imposto indiretamente também a Dado, que, em respeito ao avô, não queria chegar depois disso ou manter a luz acesa para ler. A situação se complicou porque, enquanto aguardava as definições da cadeira-prêmio, Dado começou a dar aulas à noite, como professor contratado de Português e História, numa escola na Vila Anglo-Brasileira.

Somente no ano seguinte a cadeira-prêmio foi efetivada. Dado foi designado para um grupo escolar na cidade vizinha de Osasco, no bairro de Quitaúna. Ele precisava sair correndo da última aula no Largo São Francisco para pegar um trem na Estação Sorocabana e descer em Quitaúna. Na volta, descia na Estação Barra Funda, indo a pé até o Largo Padre Péricles, para tomar um ônibus até a Vila Anglo-Brasileira, onde continuava lecionando. Fazia lanches rápidos entre um e outro compromisso.

Nas férias do final do ano, Dado foi removido compulsoriamente para outro grupo escolar, situado em Osasco, o que tornou sua vida ainda mais difícil. Além do trem, tinha que tomar um ônibus e caminhar um bom pedaço, de terno e gravata.

O rapaz do interior estava passando por um bocado de dificuldades naquele primeiro ano em São Paulo. Vivia cansado, comia mal, dormia pouco e não tinha condições para desfrutar das boas coisas que a metrópole oferecia, inacessíveis naquele momento.

Na faculdade, ele se sentia um peixe fora d'água. Fez amizade com alguns colegas, mas era ignorado por muitos outros – especialmente os que vinham de famílias abastadas, a elite da capital, preconceituosa com o sotaque do interior. Dado carregava também a timidez de quem vinha de uma cidade pequena. As roupas que usava eram simples, em grande parte herdadas de tios ou outros parentes. O rapaz de Tietê ficava no fundo da classe, com o propósito de passar o mais despercebido possível, enquanto os *bon vivants* da turma chamavam toda a atenção.

O trabalho ficou um pouco menos penoso quando Dado conseguiu transferência de Osasco para um lugar mais acessível, embora distante – São João Clímaco, região que hoje abriga a comunidade de Paraisópolis. Para viabilizar essa mudança, ele recorreu à ajuda do conterrâneo de Tietê que também fora aluno da Faculdade de Direito, Michel Temer.

Já formado, Temer havia acabado de assumir seu primeiro cargo de perfil político: assessor da Secretaria de Educação, ocupada por Ataliba Nogueira, professor da própria Faculdade de Direito. Inserido na máquina da Secretaria, Temer não agiu para favorecer Dado, mas o ajudou na burocracia para encaminhar o pedido de transferência.

A pobreza que Dado via na região em que começou a dar aulas o entristecia muito. Ficava claro o quanto a cidade grande podia tornar as pessoas insignificantes, invisíveis. Ele mesmo sentia isso ao cruzar com milhares de rostos desconhecidos ao longo de um dia.

Em Tietê, Dado conhecia todo mundo e todos sabiam quem ele era. Por conta do conforto trazido por essa familiaridade, fazia questão de voltar à cidade natal nos finais de semana, para ver a família e os amigos. As pessoas que viajavam, a cada final de semana, eram mais ou menos as mesmas. Na ida, sexta à noite, o ambiente era animado, festivo. Na volta, às nove da noite de domingo, não se ouvia um pio a viagem inteira. Todos seguiam quietos, desanimados, já saudosos do final de semana na terra natal.

Um sopro de novidade chegou para Dado quando o primo Bobe anunciou que estava planejando se mudar para São Paulo, com planos de fazer cursinho para o vestibular de Medicina. Um irmão dele tinha um apartamento no 9º andar de um prédio na Bela Vista, onde Bobe planejava montar uma república com seis rapazes, dando preferência aos conterrâneos de Tietê. É claro que Dado foi o primeiro convidado. Ele aceitou, incomodado que estava com as limitações na pensão em que morava com o avô.

No apartamento 916, embora os rapazes dormissem “amontoados” em beliches e houvesse a bagunça típica de uma república masculina, Dado valorizava muito a liberdade da qual passou a desfrutar. A desorganização não chegava a incomodar, mesmo porque ele permanecia o dia inteiro fora de casa – saía pouco depois das sete da manhã, para as aulas na faculdade, e emendava com as atividades como professor à noite, retornando por volta das onze horas.

No segundo ano do curso, a situação política tornou-se sombria no Brasil. Um golpe, engendrado entre o final de março e o início de abril de 1964, destituiu João Goulart da presidência e estabeleceu o governo militar. Em meio a essas turbulências, Dado precisou encontrar outro lugar para morar, já que Bobe mudou de planos e prestou vestibular para Veterinária em Botucatu, o que representou o fim da república. A essa altura, Dado havia feito amizade com colegas da faculdade que moravam no 13º andar do mesmo prédio e se mudou para lá.

Nesse meio-tempo, a situação política do país tornava-se cada vez mais complicada, com acirramento da repressão aos grupos que contestavam a ditadura militar. O clima na Faculdade de Direito estava pesado, embora a reitoria e a maior parte dos professores tentassem fingir normalidade no cotidiano.

Araldo (primeiro à direita) com colegas nas Arcadas, 1964

A essa altura, Léia também havia se mudado para São Paulo. Ela chegou a pensar em fazer Direito, mas os tempos políticos complicados a desmotivaram em relação a esse plano. Decidiu, assim, estudar para tornar-se professora. Apesar de não ter um cotidiano tão difícil quanto o enfrentado pelo irmão nos primeiros tempos em São Paulo – Léia foi morar na casa do tio Celso e da esposa Dora –, ela também sentiu intensamente a distância de Tietê. Mesmo voltando com frequência à cidade, muitas vezes chorava de saudades nos primeiros dois anos.

Mesmo com todas as dificuldades, Dado conseguiu se formar em 1967, sem atrasos. Foi uma conquista importante, mesmo porque logo a situação política do país se agravaria ainda mais, com o Ato Institucional Número 5, o AI-5, decretado pelo governo militar no final de 1968 como reação às resistências que o regime vinha enfrentando.

Ao terminar o curso, Dado pediu licença não remunerada como professor para seguir o plano de estudar para o concurso do Ministério Público. Ele contava com a orientação do tio Celso, que respirava o Direito e poderia indicar bons livros para cada matéria da prova. Enquanto isso, o tio Zé Carlos estava cada vez mais voltado às obras assistenciais e já não acompanhava a área tão de perto.

Dado reuniu todos os livros dos quais precisaria e voltou à casa dos pais em Tietê. Estava feliz da vida, com a missão única de estudar. Somou o número total de páginas que teria pela frente e montou um cronograma detalhado de páginas a processar por dia. Assumiu consigo mesmo um compromisso: se conseguisse cumprir a meta semanal até sexta, teria o final de semana livre.

Havia cerca de 800 candidatos disputando as 20 vagas para Promotor de Justiça. Na prova escrita, realizada em um domingo, no final de 1968, caíram matérias que Dado dominava bem. Na etapa seguinte, oral, realizada já no início de 1969, a banca era presidida pelo Procurador-Geral de Justiça do Estado de São Paulo, com cinco outros componentes – quatro eleitos pelo Colégio de Procuradores e um advogado indicado pela Ordem dos Advogados do Brasil (OAB).

Criava-se todo um clima de intimidação, que também fazia parte da avaliação. Os componentes da banca ficavam num lugar alto e o candidato bem abaixo, com um microfone às mãos. Por mais que Dado tivesse simulado muitos exames orais ao longo dos oito meses de estudos específicos para o concurso, estar lá, vivendo a situação, era bem diferente – uma circunstância extremamente tensa.

Depois da arguição, havia ainda a entrevista, feita pela mesma banca numa salinha reservada. Perguntaram a Dado uma série de questões pessoais. Um exemplo: como ele lidaria com o provável assédio feminino numa comarca do interior, já que era solteiro e certamente seria considerado um "bom partido"?

Tudo seguia relativamente sob controle até que um dos participantes perguntou o nome do Procurador-Geral ali presente, Virgílio Lopes da Silva. No calor do momento, Dado teve um branco e lembrou apenas do primeiro nome: "Dr. Virgílio". E emendou: "E digo assim mesmo, sem sobrenome, por uma questão de familiaridade. Tenho dois tios que são promotores, José Carlos e Celso Ferraz, e ambos gostam muito do Dr. Virgílio, vivem falando do Dr. Virgílio, que acabei pegando essa intimidade".

Dr. Virgílio abriu um sorriso, percebendo a esperteza do rapaz, que aproveitou a deixa para mencionar os tios que faziam parte dos quadros da instituição. Após a realização da última entrevista, o resultado foi proclamado: Antonio Araldo passara em oitavo lugar no concurso.

Quando a banca estava saindo, um dos candidatos gritou que havia "muita proteção" naquele concurso. Dr. Virgílio respondeu de bate-pronto: "No seu caso, o senhor foi reprovado por ser estelionatário, já que passou uma série de cheques sem fundos". Evidenciava-se, naquele momento, o quanto a vida dos candidatos era investigada. O rapaz em questão ficou quieto e saiu de fininho.

Na volta a Tietê, havia um divertido dilema entre os amigos e conhecidos do novo membro do Ministério Público de São Paulo: deveria ser chamado de "Dr. Antonio Araldo" ou de "Dr. Dado"? Ele pediu que, ali, todos continuassem usando simplesmente Dado, como sempre. Neste livro, no entanto, abandonaremos o apelido Dado daqui em diante e passaremos a usar Araldo ou Dr. Araldo – inclusive porque, na sequência da narrativa, já não há mais o risco de confusão com o pai de mesmo nome.

O ingresso oficial de Araldo no Ministério Público do Estado de São Paulo ocorreu em 19 de fevereiro de 1969, plena Quarta-feira de Cinzas. Faltavam poucas semanas para que ele completasse 24 anos. Depois de cumprir as três semanas do curso preparatório, concebido para que os ingressantes tivessem uma noção mais ampla das atribuições, ele foi designado para atuar como substituto na Vara Criminal de São Paulo, em funcionamento no prédio que depois se tornou o Palácio da Justiça.

Havia ali uma série de salas onde ocorriam audiências criminais, com uma mesa para o juiz de Direito e outra, igual, para o promotor, que realizava a audiência como se fosse um juiz – e não havia reclamações por parte da OAB. Quem estava nessa vara, por coincidência, era um promotor que Araldo havia conhecido em Itapira, durante o período de estudos na casa do tio Zé Carlos. Isso fez com que o promotor se sentisse ainda mais à vontade para transferir as audiências de imediato ao novato.

Apareceu na sala de audiências a escrevente, que logo percebeu certa insegurança naquele promotor substituto e lhe perguntou como preferia que ela fizesse a "assentada" – isto é, o registro dos fatos ocorridos na audiência que iria se iniciar. O jovem não sabia o que responder, mas saiu pela tangente: "Não vim aqui modificar a rotina da Vara. Faça como você sempre fez, por favor".

O primeiro caso era extremamente delicado, pois envolvia o estupro de uma menina de 12 anos, ouvida ao lado da mãe e da advogada do acusado. No meio da audiência, a mãe se emocionou a tal ponto que desmaiou. O juiz, que usava outra mesa na mesma sala, levantou-se aos berros: "Chamem os homens de branco! Chamem os homens de branco!". Logo os enfermeiros chegaram. Um batismo de fogo para Araldo.

Depois de 15 dias, ele foi transferido para uma vara de Santo André, onde ficou por pouco tempo. Em seguida, recebeu a designação para Marília, por quinze dias: a esposa do promotor da cidade ia dar à luz e o marido se afastou por esse período.

Araldo pegou o ônibus e partiu para a cidade, instalando-se no Hotel São Bento. Certo dia, recebeu um processo de inventário, com "vista" para o Ministério Público. Depois de revirar os poucos livros que havia levado na mala, não sabia o que fazer. Então, após o expediente forense, foi à casa do Juiz de Direito, bateu à porta e entrou com o processo debaixo do braço. Dr. Brandão sorriu amigavelmente e o orientou a escrever "de acordo com as primeiras declarações". Apenas isso. Duas lições foram guardadas para o resto da vida – nem tudo está nos livros e não há mal em perguntar o que não se sabe.

Algum tempo depois, Araldo foi chamado para uma conversa em São Paulo com um procurador importante, Luiz de Mello Kujawski, que lhe disse estar à procura de um promotor para assumir uma nova comarca da qual era "padrinho": tratava-se de Nuporanga, sua cidade natal. Araldo havia sido recomendado pelo tio Celso, que estava na assessoria do Procurador-Geral de Justiça.

O Dr. Kujawski queria checar a disposição do recém-chegado em assumir o desafio. Araldo nem sabia onde ficava Nuporanga, mas aceitou sem pensar duas vezes. Seria a oportunidade de interromper o ciclo de constantes mudanças e fincar âncora numa cidade tranquila do interior. Isso lhe permitiria criar laços e realmente fazer a diferença para uma comunidade.

Ao passar por Tietê, antes de assumir o novo cargo, ele contou para todos que estava indo trabalhar em Nuporanga, a cerca de 300 quilômetros dali. E acrescentava que não tinha a menor ideia de como chegaria até lá e como faria para visitar a cidade natal, pois ainda não tinha carro e não havia linha de ônibus direta. Seria preciso consumir um dia inteiro com algumas baldeações.

Araldo passou na concessionária Volkswagen e verificou que havia um Fusca para pronta entrega, mas o banco financiava somente 80% do valor – os outros 20% teriam que ser pagos à vista pelo interessado. Naquele tempo, o primeiro pagamento como promotor demorava de três a quatro meses para sair e, por isso, Araldo não dispunha do dinheiro necessário para a entrada.

Surgiu então um benfeitor: o primo de seu pai, Álvaro Osório Alves Lima, médico em Tietê, prontificou-se a adiantar para Araldo a importância necessária. E assim ele conseguiu sair da loja com o Fusca 1.200, de cor verde. Era mais um sonho do rapaz que se realizava: com o carro, ganharia liberdade para ir aonde quisesse, quando quisesse. A vida era boa.

CAPÍTULO 2

REVOLUÇÃO NO MINISTÉRIO PÚBLICO

Ao volante do Fusca e com um mapa rodoviário às mãos, Araldo partiu para Nuporanga. O mapa indicava dois caminhos – pela cidade de Salles de Oliveira, que seria a mais próxima, ou por Orlândia, um pouco mais à frente. Ele resolveu ir por Salles de Oliveira, que, inclusive, pertencia à comarca de Nuporanga.

Pediu informações e lhe indicaram a saída para seguir rumo a Nuporanga. Pegou uma estrada de terra e alguns quilômetros adiante encontrou uma porteira. Ao abri-la, pensou se não havia errado, se o caminho não estaria indo para alguma fazenda, já que o mapa não registrava a estrada de terra. Resolveu prosseguir e precisou passar por mais três porteiras antes de chegar ao destino.

Quando finalmente avistou Nuporanga, constatou que era mesmo um lugar pequeno e afastado de tudo, embora bem cuidado e organizado. Com menos de 5 mil habitantes, parecia mais uma aldeia do que uma cidade. Os próprios moradores brincavam que só havia dois tipos de pessoas que apareciam ali: nuporanguense ou "no puro engano".

Não havia hotel, pensão ou restaurante. Cinema, então, nem pensar. Como ele iria se virar? Quando foi ao Fórum para conhecer o juiz, descobriu que, por mais uma coincidência, ele também era de Tietê, Dr. Dinir Salvador Rocha. O juiz contou que vivia numa casa que havia sido comprada pelo Estado, mas lamentou que não havia perspectiva semelhante para o promotor.

Na primeira noite, a única saída foi buscar hospedagem em Ribeirão Preto, a 50 quilômetros dali. Mas essa certamente não poderia ser uma solução definitiva. No dia seguinte, de volta a Nuporanga, o novo promotor se apresentou ao prefeito. Pediu que ele conseguisse uma cama, com a intenção de preparar um quarto no próprio Fórum, pois já havia percebido a existência de um banheiro completo construído atrás do gabinete do promotor.

O prefeito conseguiu um leito, que tomou emprestado do hospital local. Logo Araldo descobriu que havia uma senhora que preparava refeições em casa, uma espécie de restaurante informal. Passou, então, a almoçar e jantar ali. Era um lugar frequentado por pessoas humildes, na maioria trabalhadores braçais. Araldo percebeu que não deveria frequentar o local com terno e gravata, aparato que causava estranheza nas pessoas. Então comprou uma calça rancheira e uma botina, combinação que passou a usar fora do Fórum.

Com cama e comida asseguradas, as coisas começavam a se ajeitar. Contudo, a primeira noite passada em Nuporanga não foi fácil. Depois do jantar, o jovem promotor sentou-se na pracinha ao entardecer, sem uma viva alma por perto. A tarde morria e as lâmpadas mortiças foram acesas. Ele sentia uma imensa melancolia, ampliada pelo repicar triste do sino da igreja às seis horas, seguido pela reprodução da *Ave Maria de Gounod* pelos alto-falantes.

Tudo isso o remetia a Tietê, onde os sinos também tocavam e os alto-falantes do seminário local irradiavam a mesma melodia, na mesma hora. "Onde eu vim parar, meu Deus!", era tudo o que Araldo conseguia pensar. Dali ele seguiu para o Fórum, leu algumas páginas de um livro e se preparou para dormir, ainda bem cedo, pois não havia muito mais o que fazer.

Depois desse primeiro dia em completa solidão, Araldo perguntou ao escrivão se acontecia algo nas noites da cidade. Soube, então, que a Dra. Elisabete, médica e diretora do mesmo Hospital São Geraldo de onde havia sido retirado o leito para Araldo, costumava receber pessoas em casa – a maioria professoras do Grupo Escolar local – para ouvir música, conversar ou jogar baralho.

Araldo foi até lá depois do jantar. Percebeu um burburinho dentro da casa e bateu à porta. A própria Dra. Elisabete atendeu. Ele se apresentou, explicou que tinha acabado de chegar à cidade e estava se sentindo solitário. Ela disse que já sabia quem ele era. Araldo foi acolhido e integrado à turma. Dali em diante, praticamente não havia final de tarde em que não fosse lá para se distrair, especialmente jogando buraco.

A Dra. Elisabete era oblata* e cuidava do hospital ao lado de uma enfermeira. Como recebia muitos estudantes de medicina de Ribeirão Preto que vinham fazer residência ali, estava habituada àquela movimentação em casa.

A atividade forense em Nuporanga era quase nenhuma. Na área judicial, o último problema registrado havia sido uma

---

* A Congregação das Irmãs Oblatas de Cristo Sacerdote é uma congregação feminina católica, fundada em 1938, em Madri, durante a Guerra Civil Espanhola.

tentativa de roubo de um cofre, dez anos antes, episódio concluído com uma cena de pastelão: o caminhão arrancou e o cofre despencou no meio da rua.

Araldo aconselhava ao Dr. Dinir ouvir apenas uma ou duas testemunhas por audiência, pois não havia muitos processos novos sendo ajuizados e eles, dizia brincando, poderiam ficar sem trabalho, sendo colocados em disponibilidade. Também eram poucas as queixas de pessoas do povo, que ignoravam a possibilidade de procurar o promotor. Para um juiz de Direito e um promotor de Justiça em início de carreira, aquela escassez de trabalho forense era um verdadeiro banho de água fria.

Certo dia, um vereador passou no gabinete para pedir providências contra um "cachorro louco" que havia tumultuado a noite anterior num bairro conhecido como Vila Diogo. Seria prudente sacrificar os animais das casas daquele bairro para evitar a transmissão de raiva, mas o vereador não queria liderar essa ação, com receio de perder votos.

Araldo falou com o prefeito, pegou um carro da prefeitura, com alto-falante, e foi à Vila Diogo. Deparou-se com um lugar extremamente pobre, formado por casebres de pau a pique, alguns cobertos com telhas, outros com sapê ou folhas de flandres.

O promotor disse aos moradores que o cachorro que passara por ali provavelmente havia mordido outros cachorros, e que, infelizmente, seria necessário optar por sacrificar preventivamente os animais – tarefa a ser cumprida por funcionários da prefeitura – ou levá-los à cadeia, onde seriam colocados numa cela, para verificar se haviam contraído a doença. Nesse caso, o dono do animal precisaria levar a comida para alimentá-lo. Apenas um morador optou pela segunda alternativa, mas deixou de levar a comida e o cão foi sacrificado.

Ao constatar a pobreza da Vila Diogo, Araldo lembrou do SOS, o Serviço de Obras Sociais criado pelo tio Zé Carlos em Itapira, e pensou em criar algo semelhante ali. Falou com a Dra. Elisabete e conversou com as professoras da cidade, compartilhando os planos de fundar uma obra social.

Todos receberam a iniciativa com entusiasmo. O padre cedeu o Salão Paroquial, amplo espaço que permanecia desocupado, para ser o quartel-general do projeto. A estratégia inicial seria escolher um representante em cada quarteirão da cidade, que não eram muitos. As pessoas indicadas foram chamadas para uma palestra sobre o projeto e convidadas a se tornarem chefes de quarteirão, responsáveis por disseminar as informações entre os vizinhos daquela quadra e recolher contribuições financeiras para a materialização do trabalho.

O foco inicial seria justamente a Vila Diogo, que somava cerca de 25 casas. Com o dinheiro arrecadado nessa primeira fase, foram montadas cestas básicas para combater o problema mais urgente, a fome. A ideia era que as doações se tornassem mensais, para assegurar a continuidade do fornecimento das cestas básicas.

Em paralelo, Araldo foi conversar com o diretor da escola, pedindo atenção especial às crianças que viviam naquela comunidade. Manter os filhos na escola era uma das condições para que as famílias continuassem sendo beneficiadas pelo programa. Quem não cumprisse as condições estabelecidas perderia o benefício das cestas básicas.

Na sequência, foram organizados mutirões de limpeza e pintura das casas da Vila Diogo. As mulheres fizeram cursos de corte e costura, para ganhar uma possibilidade de renda. Os homens que tinham problema com bebida, grande parte dos moradores daquela comunidade, passaram por programas de reabilitação.

Em projetos assim, que dependem de doações, é esperado que o engajamento diminua com o tempo e as contribuições se tornem mais raras. Araldo sabia que seria necessário desenvolver outras fontes de receita, como festas, bingos e afins. Uma delas aconteceu no estádio da cidade, no final de semana de 16 e 17 de maio de 1970, e reuniu atrações como a Barraca do Caboclo, com pipoca, amendoim e quentão, além de divertimentos variados, a exemplo do Baile da Sanfona e do pau de sebo.

Para obter uma receita regular, Araldo pensou em criar um clube de campo, algo que não havia na cidade. Falou com o prefeito e conseguiu um terreno, por onde passava um pequeno riacho. Logo iniciou as obras, inclusive gastando algum dinheiro do próprio bolso. Ali foi construída uma pequena represa e criada uma praia artificial com a areia que a prefeitura extraía para filtrar água e que, depois desse processo, ficava sem serventia.

Os habitantes da cidade olhavam desconfiados para a evolução das obras. Muitos diziam que montar um clube ali não daria certo, porque empreendimentos em Nuporanga estavam condenados ao fracasso. O entusiasmo do jovem promotor foi contagiando a todos, entretanto, e mudando aos poucos a visão pessimista. Muitos passaram a ajudar nas obras, colocando a mão na massa ou contribuindo de outras formas. Um morador levou várias mudas de roseira para enfeitar a entrada do clube e um fazendeiro da região ofereceu mourões e arames para a cerca, por exemplo. Só depois chegou o apoio oficial da Secretaria de Turismo.

Quando foram abertas as inscrições para sócios do Recanto Turístico da Estância Climática de Nuporanga, a procura foi grande. A estrutura havia ficado muito convidativa. Incluía um amplo gramado e quiosques para churrascos. Podia-se pagar mensalidades ou apenas pelo dia de uso. Diante do receio de possíveis afogamentos na represa, Araldo ensinou dois rapazes a nadar, para que atuassem como salva-vidas.

O jovem promotor seguia preocupado com os problemas sociais da região. Um dos mais significativos era que os boias-frias, que trabalhavam plantando e colhendo arroz, sempre ficavam sem ganha-pão e sem moradia ao término da safra.

Para evitar que isso continuasse acontecendo, Araldo propôs a criação do Núcleo Agrícola de Nuporanga (NAN). A ideia era arrecadar fundos para que as famílias recebessem material para construir casas e, a partir daí, qualificá-las para produzir hortifrutigranjeiros. Era um negócio de oportunidade, pois não havia na cidade quem plantasse verduras ou produzisse ovos. A atividade seria perfeita para os períodos de entressafra do arroz.

Na visita seguinte a São Paulo, Araldo pediu audiência com o secretário estadual da Promoção Social e apresentou um plano para obter os subsídios necessários ao desenvolvimento do Núcleo Agrícola. O Secretário gostou da ideia e garantiu a dotação necessária para iniciar o projeto. O jovem promotor saiu da reunião exultante, convicto de que seria uma iniciativa muito importante para a pequena cidade.

Araldo aproveitou a ida a São Paulo para visitar o tio Celso, que havia se tornado assessor do Procurador-Geral de Justiça.

O tio lhe disse que não seria bom para a carreira ficar muito tempo num lugar tão isolado como Nuporanga. O sobrinho respondeu que estava feliz lá, gostando do que vinha fazendo, com a sensação de que poderia desempenhar um papel importante para a comunidade. Mas o tio insistia na tradicional tese do "quem não é visto, não é lembrado".

Duas semanas depois, foi publicada no *Diário Oficial* a promoção de Araldo para a 2ª Entrância em Mirante de Paranapanema, muito possivelmente por influência do tio. A notícia causou comoção em Nuporanga. O prefeito mobilizou os políticos da região para pleitear a permanência do jovem promotor, mas de nada adiantou.

Araldo precisou mesmo sair. Deixou tudo organizado para a instalação do NAN, mas, sem a sua liderança, o projeto infelizmente não vingaria. Muitos anos depois, em 1991, ao receber o título de Cidadão Nuporanguense, Araldo lembraria de todo o aprendizado que viveu ali:

> Foi com os meus amigos de Nuporanga que aprendi que o Promotor de Justiça não pode ser apenas o burocrata forense, que trabalha com os processos como se eles fossem uma realidade em si mesma, e não o retrato de um drama humano que se desenrola lá fora, vivo e real, envolvendo pessoas.
>
> Foi aqui que entendi que o verdadeiro Promotor de Justiça deve – ao lado das pessoas da comunidade e autoridades locais – enfrentar os graves problemas sociais de sua comarca. Velar pelos desvalidos, pelos injustiçados, pelos desfavorecidos. Sair de seu gabinete e frequentar casebres miseráveis onde tudo falta, até mesmo a dignidade de pessoa humana, isto é, os mínimos direitos do cidadão.

> Percebi que cabe ao Promotor de Justiça promover o entendimento e não a discórdia, a orientação e mão forte quando for preciso. Que ele pode ser amigo sem se comprometer, que pode conviver com os poderosos e os fracos, que pode agir em nome da ordem constitucional, sem partidarismos. Que não é preciso frequentar manchetes e buscar ser a estrela do espetáculo para ganhar a confiança de sua comarca – que deve ser o mais igual, se quer promover a igualdade.

O único porém da transferência para Mirante de Paranapanema era que a comarca ainda não estava instalada. Araldo ficou chateado ao descobrir isso, pois precisaria ficar trabalhando em São Paulo, na Vara Criminal – que não apreciava –, à espera da instalação da comarca para a qual havia sido nomeado.

Nesse meio-tempo, um Procurador de Justiça, Joaquim Wolfgang Stein, entrou em contato. Disse que precisava preencher uma vaga em Itapeva por convocação, pois o titular estava afastado e vários promotores designados acabaram se desentendendo com o juiz que atuava lá, Dr. Nelson Munhoz Soares. Como tinha boas referências de Araldo, Stein perguntou-lhe se aceitaria aquela convocação enquanto o imbróglio em Mirante de Paranapanema não se resolvia.

Araldo aceitou, mesmo com a informação sobre as supostas dificuldades de relacionamento com o juiz, pois considerava que qualquer alternativa seria melhor que a Vara Criminal. Estabeleceu apenas uma condição: que não fosse abruptamente tirado de Itapeva quando a comarca de Mirante do Paranapanema fosse instalada. Idealista, o jovem promotor desejava criar laços com os lugares por onde passava, e certamente não seria saltando de cidade em cidade que conseguiria isso.

Era julho de 1970 quando Araldo chegou a Itapeva. O Brasil ainda vivia a euforia da conquista do tricampeonato mundial de futebol, na Copa do México, poucas semanas antes. A cidade era de porte médio, mas sem muitos recursos – tinha um único hotel, frequentado basicamente por caminhoneiros de passagem pela região. Como o banheiro era compartilhado, à noite sempre havia fila pela vez de tomar banho.

Quando foi conhecer o juiz, Araldo disse que estava ansioso para trabalhar e que poderia fazer as audiências criminais pela manhã. Já havia até conversado com os advogados locais e eles não se opunham. O jovem promotor percebeu que o juiz era um homem culto, mas parecia estar com depressão, o que lhe impedia de dedicar-se plenamente ao serviço forense – que, por essa razão, permanecia estagnado, estopim dos desentendimentos com os promotores que haviam passado por ali.

Satisfeito com a iniciativa de Araldo, o juiz aceitou a proposta. O promotor foi ao cartório para fazer um levantamento completo da situação na área criminal, com o objetivo de definir prioridades por ordem de prescrição. Retomou as audiências, que estavam paradas. Mais tarde, ainda em entendimentos com o juiz, passou a realizar as audiências criminais pela manhã e as cíveis à tarde. Com isso, a comarca começou a funcionar bem e Araldo conseguiu recuperar o tempo perdido.

A convivência com os advogados locais foi excelente, pois criou-se um ambiente de boa-fé e respeito mútuo. Certo dia, um dos decanos da comarca, que fazia todos os processos de família, conhecido como Dr. Santo, procurou Araldo para dizer que estava numa encruzilhada terrível. Outro advogado local, mais novo, havia conseguido procurações de duas das cinco herdeiras de um homem muito rico que falecera. As demais procuraram o Dr. Santo. O problema era que o outro advogado havia estabelecido valores de honorários que o Dr. Santo considerava excessivamente altos. Se fixasse honorários mais baixos, no entanto, arrumaria encrenca com o colega.

"Que fazer, Dr. Araldo?", perguntava o Dr. Santo. O promotor o aconselhou a cobrar o mesmo valor estabelecido pelo colega, ressaltando que considerava tais honorários compatíveis com o valor da causa. Passados alguns meses, Araldo estava trabalhando no escritório de casa, cuja janela se abria para a calçada, quando ouviu uma buzina. Era o Dr. Santo num fusca vermelho. "Eis o resultado daqueles honorários! Obrigado!", ele disse.

Logo se iniciaria uma nova e fundamental etapa na vida de Araldo. Ele ia a São Paulo com alguma frequência e sempre se hospedava na casa do tio Celso. O tio tinha dois grandes amigos, ambos Juízes de Direito, que conhecera em Taubaté, onde todos lecionavam na Faculdade de Direito. Os três estreitaram a amizade ao pernoitar nas dependências da faculdade para dar aulas na manhã seguinte.

Por intermédio do tio, Araldo também se tornou amigo do Dr. Odyr Porto e do Dr. Renato Salles Abreu. Certo dia, tio Celso perguntou a Araldo se ele gostaria de conhecer uma prima de Júlia, esposa de Odyr. A moça estava vindo de São José dos Campos, onde morava, com o objetivo de encontrar uma irmã mais nova de Júlia, chamada Lia, com a qual tinha muitas afinidades, inclusive a mesma idade. A jovem se chamava Maria Stela Pinto Neves, filha de uma família com origens na cidade de Paraibuna, onde Odyr havia atuado como juiz.

Araldo recusava qualquer tentativa de arranjarem uma namorada para ele naquele momento. Afinal, aos 25 anos, finalmente tinha condições de desfrutar das boas coisas da vida e queria distância de compromissos sérios. Até mesmo porque "descartar" uma prima do Dr. Odyr seria muito chato e trabalhoso, então seria melhor nem começar! Diante da insistência do tio, no entanto, Araldo concordou em conhecer a moça, sempre decidido a não ir além de um mero evento social.

Do outro lado, Júlia foi encarregada de perguntar a Stela se ela aceitaria um encontro com o rapaz. Ela não se animou muito, pois imaginou que um promotor chamado Antonio Araldo certamente seria um chato... "Só pode ser um velhote solteirão", especulou. Pediu a Júlia mais detalhes de como era o tal promotor e ela apenas respondeu: "Eu gosto, mas não vou falar mais nada. Tire você mesma suas conclusões".

O grupo reservou uma mesa na casa de espetáculos Barracão, onde a famosa cantora Elizeth Cardoso se apresentaria durante um jantar dançante. Todos sairiam juntos da casa de Celso. Araldo estava lá quando a campainha soou. Entraram Odyr, Júlia e Stela. Assim que a viu, o jovem promotor esqueceu tudo o que vinha pensando e disse para si mesmo: "Danou-se, vou me casar com essa moça!".

Na noite seguinte, Araldo levou Stela à boate Stardust, onde conversaram durante horas. Quando se despediram, Stela disse que, se ele estivesse interessado num relacionamento sério, que fosse visitá-la em São José dos Campos.

Ele não conseguiu ir naquele final de semana, mas no seguinte estava lá. Instalou-se em um hotel da cidade e foi ao endereço de Stela. Os dois se sentaram na sala e logo apareceu Elvina, irmã da Stela. Mais tarde, os pais – Dona Graziela e Sr. Agenor de Camargo Neves – chegaram da fazenda. Ela foi muito amável, mas Agenor permaneceu seco e sério.

No dia seguinte, Araldo e Stela foram à sessão vespertina do Cine Palácio – que ganhou uma importância especial, pois foi ali que aconteceu o primeiro beijo, no meio do filme. Era 20 de setembro de 1970, data que ele, romântico incorrigível, jamais esqueceria. Araldo seguiu para Itapeva em seu fusca, mal podendo esperar pelo sábado seguinte, quando voltaria a visitar Stela em São José dos Campos. E assim fez em todos os finais de semana dali em diante. Foi conquistando, aos poucos, a confiança e a simpatia do pai dela.

Numa das visitas a Tietê, Araldo soube que Agenor tinha ido à cidade para investigar sua vida pregressa. Esteve no Bar da Esportiva e pediu informações a um antigo funcionário do estabelecimento, conhecido como Cachorro. Perguntou se ele conhecia um tal de Antonio Araldo, que era promotor. Cachorro pensou um pouco, pois demorou a associar o nome à pessoa, até que se deu conta:

– Ah, o senhor tá falando do Dadão! Sim, conheço muito! É gente nossa!

Araldo só soube da visita de Agenor a Tietê por esse e outros relatos sobre a presença daquele homem alto e forte, com cabelos grisalhos, perguntando por ele. “Parecia um general do exército”, descreveu Cachorro. Quando contou o episódio ao velho amigo, ele fez questão de ressaltar que só tinha falado coisas boas.

– Os teus podres eu escondi todos!

O namoro evoluiu rapidamente. Araldo e Stela noivaram em 23 de maio de 1971, dia em que ela completou 21 anos. Casaram-se em 6 de novembro do mesmo ano, aniversário do pai dela. Logo depois do casamento, o casal foi levado pelo velho amigo Fernão, em seu Ford Corcel Bino, até a casa de Agenor.

Maria Stela Pinto Neves tornava-se, a partir dali, Maria Stela Neves Dal Pozzo. A cerimônia ocorreu na Igreja Matriz de São José dos Campos, seguida por um festão para mais de 400 convidados. Com o dinheiro presenteado pelos padrinhos, a lua de mel foi em Salvador – onde ficaram hospedados no Hotel Bahia, o mais sofisticado da capital baiana à época.

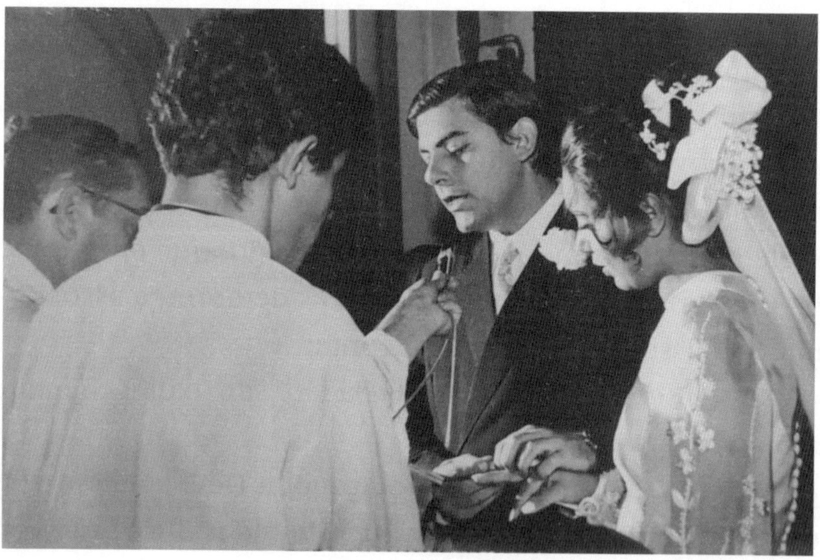

Casamento com Stela

Agora casado, Araldo não podia continuar vivendo de forma improvisada. "Quando eu me casei, só tinha um fusca e um violão, como naquela famosa canção", lembra ele, aos risos. Era preciso arranjar uma moradia em Itapeva. Com o falecimento de uma senhora que vivia sozinha, ele conversou com os filhos dela e alugou a casinha – que era bem simples, mas não havia opção naquele momento. Stela, que vinha de uma família abastada, certamente sentiu o impacto, mas se adaptou com o máximo de compreensão e boa vontade. Araldo jamais ouviu qualquer reclamação por parte dela.

Stela havia se formado como professora, com a ideia de ter a própria escola infantil. Com o casamento, ficou combinado que ela não trabalharia fora, seguindo o padrão predominante na época. Ela se tornaria uma grande companheira do marido também sob o prisma profissional, no entanto, pois queria sempre saber o que estava ocorrendo no trabalho dele, opinava e o incentivava a progredir.

O casal se completava em vários aspectos. Com temperamento alegre e expansivo, Stela era o contraponto perfeito para a tendência à introspecção e a uma certa melancolia que fazia parte da personalidade de Araldo, contra a qual ele precisava lutar em certos momentos. Com sua espontaneidade e visão otimista, ela tinha uma boa influência sobre o ânimo do marido. Conseguia olhar para situações aparentemente negativas sempre por um prisma positivo. Se alguém quebrasse um braço, ela provavelmente comentaria: "Que bom que não quebrou os dois".

Araldo continuava em Itapeva, onde já havia criado sólidos laços. A exemplo do que fizera em Nuporanga, tomara a iniciativa de criar e presidir o Serviço de Obras Sociais (SOS) local. Publicou um artigo em um jornal da região, a *Folha do Sul*, apresentando a instituição e pedindo à população que não desse esmolas, e sim encaminhasse o pedinte ao SOS. Algum tempo depois, na edição de 12 de agosto de 1972, o mesmo jornal registrou o andamento dos trabalhos:

> Tivemos a oportunidade de conhecer de perto as instalações do SOS e ficamos verdadeiramente entusiasmados com a ordem, seriedade e dedicação dispensadas àquela entidade, responsável pela distribuição de alimentos aos assistidos e presidida pelo jovem e dinâmico promotor público da comarca, Antonio Araldo Ferraz Dal Pozzo. Ele é, sem dúvida alguma, o grande incentivador da obra, à qual se dedica com verdadeiro entusiasmo.

Em meados de 1972, tio Celso ligou para o sobrinho com uma novidade. Surgira a oportunidade de tirar uma licença do Ministério Público para fazer um curso de um ano na Itália. Celso disse que só iria se Araldo fosse junto, para fazer o mesmo *Corso Singolo di Diritto Processuale Civile*. Seria na Universidade de Milão, ministrado pelo professor Enrico Tullio Liebman, autoridade reconhecida internacionalmente em direito processual civil.

Araldo achou ótima a ideia do curso na Itália, mas, pensando no futuro, imaginou o quão desanimador seria voltar de Milão direto para uma cidade pequena como Mirante de Paranapanema. A perspectiva era de que ele tivesse que assumir a qualquer momento aquela comarca, em vias de ser implantada.

Enquanto o tio resolvia os trâmites do curso, Araldo descobriu que tinham sido abertas dez vagas classificadas como 3ª Entrância em São Paulo. Naquela época, a hierarquia da carreira era iniciada com a 1ª Entrância (cidade pequena), seguia com a 2ª Entrância (cidade média) e passava pela 3ª Entrância (grandes cidades do interior), até chegar à Entrância Especial (capital).

Como ele estava ainda na 2ª Entrância, teoricamente, deveria passar por uma grande cidade do interior antes de pleitear uma vaga na capital. Só que aquelas novas vagas abertas tinham perfil diferente, pois visavam suprir emergencialmente a falta de promotores na capital. Assim, criá-las como 3ª Entrância facilitaria um número maior de candidaturas.

Araldo conseguiu assegurar uma dessas vagas antes de partir para Milão. Assim, quando voltasse da Europa, iria viver com Stela na capital, o que os deixaria bem mais próximos dos familiares de ambos os lados. Tudo ficou encaminhado para que pudessem partir tranquilos para Milão, em setembro, com a perspectiva de um ano de permanência.

Apesar da ascendência familiar, Araldo quase não falava italiano. Ele fez uma imersão no idioma, por conta própria, durante as férias que tirou em julho. Foi para a fazenda do sogro, com gramática e dicionário, e decorou uma lista extensa de verbos, além de dedicar-se a uma série de exercícios envolvendo a língua dos antepassados.

Para financiar a permanência na Itália, foi preciso vender o Fusca, único bem que possuía. Além de Araldo e Stela, iriam tio Celso, a esposa dele, Dora, e os quatro filhos do casal, ainda crianças ou adolescentes – Antonio Augusto, Álvaro, Doris e Paula. A viagem foi feita no icônico navio *Eugenio C.*, mais econômica que de avião, mesmo com cinco refeições diárias ao longo dos 12 dias até Gênova. De lá, pegaram o trem para Milão.

Instalados numa pensão, o próximo passo seria encontrar lugares definitivos, de preferência próximos à universidade onde ocorreriam as aulas do curso. Tio Celso alugou um apartamento grande e Araldo ficou com outro menor, muito bem localizado.

Aos 70 anos, o professor Liebman, que tinha dificuldade de locomoção e precisava usar um andador por conta de um acidente com esqui, foi extremamente receptivo e simpático com os alunos brasileiros. De origem judaica ucraniana, ele havia passado algum tempo no Brasil durante a Segunda Guerra. Aqui deixou uma geração de seguidores, como relata Miguel Reale em sua obra *Horizontes do Direito e da História*:

> Mister é, porém, reconhecer que as contribuições mais originais da ciência brasileira nesse campo (direito processual) se devem à chamada Escola Paulista de Direito Processual, e aos que receberam seu influxo, sob o magistério de Enrico Tullio Liebman, na qualidade de professor visitante da Faculdade de Direito da Universidade de São Paulo.

O professor convidou os alunos recém-chegados e suas famílias para irem até a casa dele, onde apresentou a esposa e serviu um lanche. Ao conhecer aquele homem tão afável e iluminado, que falava com propriedade dos mais diversos assuntos – não apenas Direito –, Araldo mudou sua mentalidade quanto aos objetivos da viagem.

A bem da verdade, até aquele momento, estava mais preocupado em aproveitar a experiência de morar fora e conhecer o máximo possível da Europa. Mas a figura de Liebman o levou à decisão de se concentrar pra valer nos estudos. Diante da erudição e da gentileza do mestre, passou a considerar que não poderia deixar de se aplicar ao máximo.

Com o professor Liebman: referência

Quando começou a rotina de aulas, tio e sobrinho iam de metrô até a universidade. Celso pegava o transporte algumas estações antes, de tal forma que os dois combinavam o horário e entravam sempre no último vagão, para facilitar o encontro.

Mesmo com certa dificuldade inicial para compreender o italiano, Araldo espantava-se com a clareza das ideias de Liebman. O pupilo brasileiro brincava que as aulas do mestre eram como uma operação de catarata, da qual ele sempre saía enxergando tudo com nitidez.

Outros professores do Instituto de Processo Civil também davam aulas excelentes. Um deles, Bruno Cavallone, havia feito estágio nos Estados Unidos e levou para a Itália o método dos cases, só que de forma reversa. Mostrava aos alunos a decisão final do caso – apenas a decisão, sem relatório – e pedia que reconstruíssem o caso a partir daquele veredito.

Enquanto Araldo frequentava as aulas e estudava em casa, Stela passava o tempo visitando as lojas de Milão, o que lhe deu muitos conhecimentos sobre moda, tema que adorava. Não havia dinheiro para fazer compras, mas, mesmo assim, ela se divertia passeando sozinha ou ao lado da tia Dora – que, 20 anos mais velha, era uma grande referência de mulher cosmopolita, que já havia viajado várias vezes ao exterior.

Numa segunda visita à casa de Liebman, cerca de três meses depois da primeira, Araldo fez uma pergunta e o mestre respondeu puxando o livro *Instituições*, de Giuseppe Chiovenda, a quem classificou como uma de suas principais referências. Araldo decidiu então comprar um exemplar e traduzi-lo por inteiro, estratégia para mergulhar ainda mais no mundo do processo civil e, ao mesmo tempo, aprimorar o italiano. Preencheu dez cadernos de cem folhas, material que ele guarda até hoje, com carinho.

Araldo mergulhou fundo no *Manuale di Diritto Processuale Civile*, de Liebman, e passou a estudar também o tema "interesse de agir", que é uma das condições da ação, enfrentando a difícil e profunda monografia de Aldo Attardi, intitulada *L'Interesse ad Agire*, edição de 1958. Foi no terceiro encontro com Liebman fora da sala de aula – desta vez na casa do tio Celso – que Araldo revelou ao mestre o plano de escrever sobre o tema.

O próprio Liebman sempre dizia que, para aprender processo civil, era preciso explorar a fundo um tema mais específico, mas sua reação à revelação do pupilo evidenciou o quanto ele achava complexa a escolha de Araldo. Além dos olhares e gestos, disse que, para escrever sobre o interesse de agir, "*Bisogna essere forte!*" ("Você tem que ser forte!"). Não desencorajou o aluno, mas Araldo entendeu o recado.

Únicos estrangeiros da turma, Araldo e o tio não conseguiam se aproximar dos milaneses, em geral reservados. As relações na faculdade permaneceram em um nível superficial. Isso contribuía para aumentar a saudade do Brasil. Araldo e Stela morriam de vontade de comer um belo prato de arroz com ovo. Muitas vezes, na volta da aula, ele e o tio passavam na agência da Varig para ler os jornais brasileiros, ainda que com alguns dias de defasagem.

Contatos com o Brasil eram raros e caros, por conta das dificuldades de comunicação da época. Ao longo de todo o ano de permanência na Europa, Araldo e Stela conseguiriam falar por telefone com o Brasil em apenas três ocasiões, via cabo submarino. As novidades eram contadas basicamente por carta. Mais para o final do período na Itália, Araldo comprou um aparelho de som com toca-fitas. Isso permitiu que ele e Stela fossem gravando mensagens, pequenos trechos por dia, até preencherem uma fita; fizeram uma cópia e enviaram as gravações pelo correio, tanto para os pais dele quanto para os pais dela.

De volta ao Brasil, em 1973, um dos primeiros compromissos seria o casamento de Fernão, no Rio de Janeiro. O amigo havia até transferido a data da cerimônia para esperar a chegada de Araldo e Stela. Ainda sem carro, o casal pegou uma carona até o Rio com o amigo José Cury, que havia sido dono do Bar da Esportiva, em Tietê, e agora trabalhava na Dow Química. "Ficamos hospedados numa espelunca", lembra Cury.

"Estava fazendo 40 graus e o ar-condicionado não funcionava direito. Mesmo assim foi muito divertido. Lembro que o Araldo mostrava sua carteira do Ministério Público e os guardas batiam continência. Eu achava aquilo o máximo."

Passado o casamento de Fernão, era hora de colocar os pés no chão e correr atrás da realidade. Araldo assumiu o seu cargo em São Paulo e, pouco depois, recebeu uma excelente notícia: o sogro havia distribuído algum dinheiro entre os filhos e Stela foi contemplada. Com esse dinheiro, o casal conseguiu quitar as dívidas decorrentes da viagem e sobrou o suficiente até para comprar um Fusca, desta vez cor de chocolate. Ou seja: a situação financeira voltou a ser mais ou menos aquela anterior à viagem para a Itália.

Seria uma fase de muitas novidades para Araldo na vida pessoal e no campo profissional. O Código de Processo Civil brasileiro, que era da década de 1940, havia sido atualizado pouco tempo antes. Ex-aluno de Liebman na USP, o Ministro da Justiça, Alfredo Buzaid, estivera várias vezes em Milão para consultar o mestre durante a preparação do projeto do Código. Liebman comentava tudo isso com seus alunos brasileiros.

Quando Araldo voltou ao país, conhecia bem o novo Código de Processo Civil, então já aprovado, pois havia recolhido informações diretamente na fonte. Com planos de se tornar professor de Direito Processual Civil no Largo São Francisco, ele se candidatou ao mestrado da instituição nessa área.

A prova era traduzir um texto do italiano, o que ele fez em cinco minutos. No momento do exame oral, a professora Ada Pellegrini Grinover estava ciente de que Araldo havia feito o curso com Liebman. Assim que ele respondeu às duas primeiras perguntas, ela liberou o candidato, afirmando que havia sido suficiente para perceber o quanto ele dominava a matéria. Araldo começou a fazer o curso e passou a ser muitas vezes chamado para palestras, reconhecido como especialista em ascensão no tema.

No final do verão de 1974, chegou uma notícia muito celebrada pelo casal e toda a família: Stela estava grávida. Daniela Neves Dal Pozzo nasceu em 26 de outubro, coroando um momento cheio de realizações para Araldo.

Em agosto de 1975, quando Daniela ainda não havia completado o primeiro ano de vida, ele foi nomeado 44º Promotor de Justiça da Capital, Entrância Especial. Passou a atuar nas funções de curador de ausentes e incapazes, com a missão de defender pessoas que haviam sido citadas por edital e sobre as quais a Justiça não tinha como saber se deixaram de comparecer ao processo porque não quiseram ou porque não ficaram sabendo dele, além de incapazes com interesse em juízo e detentos. Tratava-se de um tipo de defesa meramente processual, pois não havia contato com o réu.

Quando Stela engravidou novamente, ficou claro que o Fusca já não daria conta de abrigar confortavelmente a família. À procura de um carro maior, Araldo comprou um Opala, também marrom, com o câmbio na coluna da direção, detalhe que ele considerava especialmente charmoso.

Para estrear o carro novo, o casal planejou uma viagem até o sul do país, em julho, antes da chegada do bebê. Deixaram Daniela em Tietê, com os pais de Araldo, e partiram para a aventura junto com Elvina, irmã de Stela, e o marido dela, Arnaldo. Chegando ao Rio Grande do Sul, decidiram seguir até o Uruguai. Passearam bastante, despreocupados.

Na volta a Tietê para buscar Daniela, Araldo recebeu a informação de que o Procurador-Geral de Justiça do Estado, Gilberto Quintanilha Ribeiro, estava à procura dele havia mais de uma semana, com várias ligações ao longo do período. Araldo gelou nesse momento, pois se deu conta de que havia saído do país sem comunicar os superiores e sem pedir a devida autorização, o que poderia ser um problema.

Tão logo chegou a São Paulo, foi ao gabinete do Procurador-Geral. Recebido efusivamente, ouviu um convite surpreendente: Dr. Quintanilha queria convidá-lo para ser um de seus três assessores, cargo que estava vago porque o antecessor havia saído para ser candidato à presidência da Associação Paulista do Ministério Público de São Paulo.

Era uma honra, pois se tratava de uma posição extremamente disputada e desejada. Araldo aceitou na hora e ficou curioso para saber a razão de estar sendo convidado, mas só teve coragem de perguntar ao Procurador-Geral cerca de dois meses depois:

– Eu queria matar uma curiosidade: por que o senhor me escolheu? Não conheço muita gente na instituição, não tenho influência política e estou ainda no início da carreira...

– Justamente por essas razões – respondeu Quintanilha. – Estava acontecendo aqui uma briga insana pelo cargo e, pensando numa boa solução, lembrei do seu nome.

O procurador contou, então, como tomou conhecimento da existência de Araldo. Ele às vezes ia visitar o túmulo do avô, que estava enterrado em... Nuporanga. No feriado anterior de Finados, Quintanilha esteve na cidade e as pessoas falaram muito bem de um certo promotor que havia passado por lá, um tal de Dr. Araldo. O Procurador-Geral guardou o nome.

E Araldo saiu daquela conversa convencido de que trabalhar em lugares pequenos ou distantes não necessariamente significava "deixar de ser notado".

O trabalho como assessor do Procurador-Geral inviabilizou a permanência no mestrado. Para complicar ainda mais a agenda, Araldo havia começado a dar aulas de Direito Processual Civil na Faculdade de Direito da Universidade Mackenzie, onde permaneceria por cinco anos, e também de Direito Processual Civil e de Teoria Geral do Processo na Faculdade de Direito da Universidade de Mogi das Cruzes (UMC), relação que seria ainda mais longa. Esse turbilhão de novidades se completaria com o nascimento do segundo filho, Augusto Neves Dal Pozzo, em 6 de abril de 1976.

O aprofundamento dos estudos de Araldo o levou à publicação do primeiro livro, em 1978 – *Manual de Teoria Geral do Processo* –, pela Editora Resenha Universitária. Ao mesmo tempo que a carreira ia de vento em popa, a família crescia com a chegada da terceira filha do casal, Christiane Neves Dal Pozzo, em 22 de agosto desse mesmo ano.

Cristina, filha de Léia, havia nascido apenas cinco dias antes. Léia havia se casado com o engenheiro Maurice Edson Ermel, onze anos mais velho. Não foi inteiramente por acaso que o nascimento de Cristina e de Christiane ocorreu em datas próximas. A concepção das meninas aconteceu muito provavelmente no mesmo final de semana em que os dois casais foram passar em Caraguatatuba, na casa dos pais de Stela. Choveu o tempo todo e não havia muito mais o que fazer além de ficar em casa.

As duas descobriram a gravidez simultaneamente e passaram a frequentar a mesma obstetra. Maurice queria o nome

Cristina e, por coincidência, Araldo havia pensado na mesma alternativa. Coube ao destino estabelecer quem exerceria o "direito" de usar o nome. Como a filha de Léia nasceu antes, Maurice conquistou a prioridade para registrá-la como Cristina. Nascida a filha de Stela e Araldo, a menina ganhou um nome parecido: Christiane.

A mãe de Araldo ficou indignada com o fato de que, com tantas opções disponíveis, duas netas com a mesma idade tenham recebido nomes quase idênticos. Era óbvio que ambas seriam chamadas de "Cris" no dia a dia. No começo, até tentaram chamar Cristina de "Tina" e Christiane de "Ane", mas os apelidos não pegaram.

Graças à sabedoria única das avós, no entanto, Guida criou um jeito único para se referir a cada "Cris", com entonação tão específica que todos sabiam de quem ela estava falando. A sobrinha de Araldo também se tornaria advogada, com carreira em escritórios americanos e atuação por muitos anos como diretora jurídica da Santista, tradicional empresa do setor têxtil.

Ao trabalhar como assessor do Procurador-Geral, Araldo começou a olhar o Ministério Público por dentro. Até então, como promotor, ele tinha uma visão menos abrangente. Logo se deu conta do quanto a instituição era desprovida de recursos, mesmo em um estado rico como São Paulo. Possuía duas ou três viaturas e ocupava o 15º andar do Fórum João Mendes, por empréstimo do Poder Judiciário, além de algumas salas extras no 16º andar. Não havia telefone, muito menos ar-condicionado. Era preciso se virar com ventiladores.

Às vezes, os assessores tinham que colocar dinheiro do próprio bolso para despesas do cotidiano, como material de escritório. O promotor era o único funcionário em cada localidade – fazia tudo sozinho, desde a datilografia de memorandos, manifestações nos processos, denúncias criminais, até a postagem de correspondências no correio. Como vivia "de favor", qualquer desentendimento com o juiz poderia resultar em pequenas retaliações e vinganças, como a mais clássica de todas: corte no fornecimento de café.

Quando deparou com essa pobreza franciscana, Araldo percebeu o grande contraste entre o grandioso ideário da instituição e sua situação real. Ele começou então a buscar informações sobre a história, a estrutura e as atividades do Ministério Público, no Brasil e no mundo, pensando em formas de contribuir para melhorar aquela situação.

Desenvolveu gradualmente um conceito, uma ideia, mas ainda sem qualquer envolvimento na política da instituição, embora já interessado nos meandros dessas relações. Havia um grupo muito influente no Ministério Público de São Paulo, formado basicamente por quatro procuradores – Carlos Siqueira Neto, João Lopes Guimarães, Antonio Celso Di Munno Correia e Ronaldo Porto Macedo. Esse grupo tinha até o apelido jocoso de "Conselho Inferior do Ministério Público", trocadilho com o Conselho Superior, órgão oficial responsável por cuidar de questões da carreira dos promotores, como promoções e remoções.

Uma sequência de fatos e fatalidades foi diluindo a influência do "Conselho Inferior". Guimarães saiu da instituição para assumir uma secretaria do governo estadual. Macedo ficou doente, vindo a falecer pouco tempo depois. Siqueira Neto foi vítima de acidente aéreo, enquanto Correia decidiu se afastar da vida política do Ministério Público. A disputa interna para ocupar o vácuo era grande, mas envolvia dois outros grupos que não se mostravam verdadeiramente dispostos a sair do ramerrão de sempre.

Esse vazio institucional coincidiu com o período em que Araldo tornou-se assessor do Procurador-Geral. Ele compartilhava a sala da assessoria com um colega de trabalho que também se tornaria muito importante na história do Ministério Público, Cláudio Ferraz de Alvarenga. Muitas vezes os dois voltavam para casa no mesmo carro – transporte oferecido pela instituição – e, nessas ocasiões, tinham tempo de sobra para conversar.

Ambos percebiam o vazio político que havia no Ministério Público e chegaram à ideia de criar um movimento de renovação, uma "terceira via" que pudesse surgir como alternativa aos dois grupos que se apresentavam como novidade, mas, no fundo, não traziam nada de novo. Araldo e Alvarenga passaram a arquitetar a constituição de um grupo, com integrantes escolhidos a dedo para trazer um sopro de verdadeira renovação ao Ministério Público.

Um desses nomes era um jovem promotor do interior, Luiz Antonio Fleury Filho, que Araldo havia conhecido pouco tempo antes. Isso aconteceu quando Araldo tinha uma questão a avaliar na cidade de Laranjal Paulista e entrou em contato com o promotor que atuava na vizinha Conchas. Logo percebeu em Fleury um grande talento em potencial, que se mostrava alinhado à visão que ele e Alvarenga vinham discutindo sobre o futuro do Ministério Público.

Araldo compartilhou a "descoberta" com os parceiros e o grupo começou a prestigiar Fleury, com o objetivo de levá-lo a trabalhar em São Paulo. Naquele período, um dos segmentos mais fortes dentro do Ministério Público eram os Grupos de Estudo – núcleos regionais, com reuniões aos sábados, que funcionavam como arena de debates. Fleury foi nomeado coordenador dos Grupos de Estudo, primeiro cargo que ocupou com algum perfil político. Era o início da caminhada que, bem mais tarde, o levaria a se tornar governador de São Paulo. O grupo logo passou a contar também com a valiosíssima contribuição de Tilene Almeida de Morais, que ingressara no Ministério Público em 1967, sendo a sexta mulher a pertencer à instituição.

Em 1979, Alvarenga, já promovido a subprocurador, tornou-se presidente da Associação Paulista do Ministério Público. A estratégia foi tão bem montada que ele acabou sendo candidato único, com Fleury na vice-presidência, Araldo como diretor de patrimônio e Tilene como tesoureira. "Eminência parda" do grupo, Araldo redigiu um projeto – batizado de Plano Geral de Ação (PGA) – com diretrizes políticas e administrativas para a gestão. Tratava-se de um documento secreto, apenas para uso interno.

Uma das ideias era retomar um movimento de abrangência nacional, que chegou a ser esboçado na criação da Confederação das Associações Estaduais do Ministério Público (Caemp), em 1971, na histórica cidade mineira de Ouro Preto. A criação da entidade se baseava justamente no entendimento de que era preciso reunir Ministérios Públicos estaduais de todo o Brasil em torno de uma causa comum, para que os avanços efetivos se tornassem possíveis.

"O Ministério Público de São Paulo era um farol para os outros estados, pois se destacava muito em relação aos demais, com um verdadeiro time de craques", lembra Castellar

Modesto Guimarães Filho, que ingressou em 1975 na instituição, em Minas Gerais, início da trajetória que o levaria ao cargo de Procurador-Geral de Justiça em seu Estado. A aproximação pessoal com Araldo, que se transformou em amizade, foi acontecendo naturalmente ao longo dos anos, por meio dos compromissos profissionais e das confraternizações às quais os membros do Ministério Público de diversos estados levavam as famílias.

Apesar da limitação de recursos, a gestão de Alvarenga na Associação foi bem-sucedida. A entidade teve participação relevante em várias situações – mesmo que ainda não houvesse, naquele momento, grande influência sobre o funcionamento do Ministério Público em si.

Uma das missões do grupo era fazer a classe política entender que não deveria interferir no Ministério Público. Quando Paulo Maluf era governador de São Paulo, por exemplo, um determinado promotor foi nomeado para conduzir o inquérito de uma denúncia envolvendo a Caixa Econômica Estadual. O promotor passou a fazer uma investigação muito mais ampla do que o objeto inicial e, tentando apaziguar os ânimos, o Procurador-Geral retirou o promotor da investigação.

A imprensa entendeu que havia o dedo do governador na decisão. Com raiva do Procurador-Geral por metê-lo nessa enrascada, Maluf anunciou que iria demiti-lo, pois à época o ocupante do cargo era demissível *ad nutum* (expressão aplicada aos funcionários públicos em funções não estáveis).

Maluf pediu que as lideranças do Ministério Público se reunissem com Calim Eid, da Casa Civil, para indicarem um sucessor. Estavam presentes Araldo, Alvarenga, Fleury e João Lopes Guimarães. Embora não pertencessem ao grupo político do Procurador-Geral, Eid ouviu deles que a demissão não seria aceitável – e acrescentaram que, se o governador assim agisse, teria contra ele toda a instituição. Maluf recuou.

Talvez por retaliação a esse tipo de resistência, o governador decidiu extinguir a equiparação entre os vencimentos do Ministério Público de São Paulo e da Magistratura, situação que já perdurava por mais de 40 anos. A crise decorrente dessa desequiparação foi intensa, a ponto de a oposição lançar uma chapa para disputar a eleição da Associação Paulista em confronto com aquela que estava encabeçada por Fleury.

Quando Maluf deixou o cargo para se candidatar a deputado federal, o vice que assumiu, José Maria Marin, restituiu a equiparação salarial. Com isso, o prestígio político do grupo foi recuperado e Fleury venceu a eleição, com 75% dos votos. A essa altura, a antiga Caemp já tinha o nome trocado para Confederação Nacional do Ministério Público (Conamp), atualização que se tornou necessária porque haviam entrado Ministérios Públicos que não eram dos estados, como o do Trabalho e o do Distrito Federal.

Enquanto participava ativamente da política institucional, Araldo dava novos passos significativos na carreira. Em 1981, foi promovido para Subprocurador de Justiça. Nesse mesmo ano, no entanto, um acontecimento triste fez com que ele se voltasse mais à família: a morte inesperada da sogra.

Na fase mais aguda do luto familiar, o padre Manoel Bezerra de Melo, fundador da Universidade de Mogi das Cruzes (UMC), onde Araldo já dava aulas, perguntou se ele não gostaria de aumentar sua participação por lá. Araldo pediu um salário semelhante ao que recebia no Ministério Público, onde pretendia continuar trabalhando durante o dia, e o padre aceitou. A família se mudou, então, para Mogi – novidade que prometia ser positiva para Stela, que estava sentindo fortemente a perda da mãe.

Morando em Mogi com a família, Araldo ia todos os dias para São Paulo, onde acumulava várias atividades. Contava com o incentivo e o apoio da esposa – que, inclusive, o aconselhava a aparecer mais na linha de frente do Ministério Público, deixando de ser alguém essencialmente dos bastidores, como vinha ocorrendo. Essa participação ativa de Stela sempre foi fundamental para tirar o marido da zona de conforto e impulsioná-lo a novos desafios.

Num cenário em que a estrutura do Ministério Público era pequena e seus integrantes acabavam se conhecendo, Araldo foi criando várias amizades na instituição. A afinidade nem sempre se dava exclusivamente em torno de questões profissionais. Um exemplo foi a aproximação com Luiz Cesar Pellegrini, que havia iniciado carreira na instituição quatro anos antes.

Em determinado momento, os dois descobriram a grande paixão em comum por pescarias. Pellegrini organizava grupos de pesca e Araldo passou a ser convidado. Em várias dessas ocasiões, levou o pai para participar. Esse grupo, formado por oito amigos, com eventuais "convidados especiais", fazia viagens para pescar no Pantanal, na Amazônia e em outros lugares. Pesca esportiva, apenas para filmar, fotografar e devolver os peixes à água. Iniciadas há mais de 30 anos, essas viagens continuam ocorrendo com regularidade.

"Dizem que é dividindo o barco, à espera do peixe fisgar, que se conhece de verdade uma pessoa", diz Pellegrini. De fato, a prática exige virtudes como paciência, tolerância, solidariedade e camaradagem, entre vários outros atributos fundamentais para o convívio social.

Pellegrini diz que uma das características marcantes de Araldo é a ponderação. "Sempre foi muito prudente ao se manifestar." O amigo considera que esse cuidado com as palavras contribuiu para que Araldo fosse sempre muito respeitado e ouvido por todos – e, também, para que construísse relações sólidas nos mais diversos meios, tanto no Poder Judiciário quanto no Executivo e no Legislativo.

Em 1982, Araldo recebeu a promoção para Procurador de Justiça. No ano seguinte, foi eleito membro do Conselho Superior do Ministério Público, para dois anos de mandato. Tornou-se, também, Secretário-Geral da Conamp, com Fleury na presidência para o biênio 1983/1985. Nessa eleição, realizada em Belo Horizonte, havia inicialmente uma chapa adversária, mas a candidatura foi retirada diante das evidências de que não venceria o pleito.

Em 1985, o grupo de Araldo seria reeleito para mais dois anos de mandato. Em março daquele ano, José Carlos Cosenzo ingressou no Ministério Público de São Paulo. Ele lembra o quanto Araldo já era uma figura expoente da categoria:

> Logo ficou claro, para mim, que ele era o gestor do futuro, capaz de idealizar um Ministério Público que ainda não existia. Um MP abrangente, atuante. Sempre lembro dele dizendo que estávamos na única repartição pública de um homem só. A gente usava uma sala emprestada no Fórum e, se houvesse uma briga entre o juiz e o promotor, a gente era expulso do Fórum. Dr. Araldo sempre enfatizava que essa vulnerabilidade precisava acabar.

Cosenzo ressalta uma característica de Araldo que, para ele, era um grande diferencial: a capacidade para descobrir talentos e formar lideranças. "Sempre teve um olhar clínico para isso e disponibilidade para investir nas pessoas. Deixava novas lideranças crescerem, mas cuidava para que não fosse um crescimento isolado, e sim em torno de uma ideia em comum", observa o amigo. O exemplo mais claro desse atributo, lembra Cosenzo, foi o apoio dado para os primeiros passos da carreira política de Fleury, que se tornaria governador de São Paulo.

Certo dia, Araldo decidiu reduzir a carga horária dedicada à Universidade de Mogi das Cruzes e propôs a Stela que a família voltasse a morar em São Paulo, o que ela aceitou imediatamente. Além da comodidade por reduzir as idas e vindas, a mudança o colocaria em tempo integral no epicentro dos acontecimentos que se desenrolariam a partir dali.

A decisão estratégica do grupo de Araldo no Ministério Público foi organizar encontros em todo o Brasil para discutir como deveria ser a instituição no futuro. Araldo e Fleury, ou às vezes outros representantes do grupo, passaram a percorrer o país para levar uma mensagem propositiva. Permaneciam de uma semana a dez dias em cada estado.

Constataram, nessas visitas, que em muitos lugares havia a sensação de que o Ministério Público sequer existia, tal a precariedade da infraestrutura e o desconhecimento sobre suas atribuições. Ao longo dessas visitas, os colegas de outros estados eram convidados a visitar o Ministério Público paulista, com despesas pagas pela Associação. Vários aceitaram.

Esse mergulho nas entranhas do país evidenciou diferenças drásticas de visão. Um exemplo: depois de uma das reuniões, um procurador local chegou a convidar todos os presentes para conhecer o cassino do irmão do governador. Tratava-se de uma atividade obviamente ilegal, mas que estava sendo compartilhada, divulgada e valorizada sem qualquer constrangimento.

Em outra ocasião, revelou-se que a mesma pessoa acumulava a presidência da associação local do Ministério Público e da Ordem dos Advogados do Brasil (OAB). Era algo absurdo e completamente incompatível para os representantes do Ministério Público de São Paulo, mas que soava como normal em outros estados.

Após esse trabalho intenso de visitas e de reuniões em todas as partes do país, marcou-se para o período entre 26 e 29 de junho de 1985 o VI Congresso Nacional do Ministério Público, em São Paulo, tendo a Constituinte como temática central. Como Secretário-Geral da Confederação Nacional do Ministério Público, Araldo assumiu o planejamento do evento.

Ele construiu, inicialmente, dois cenários possíveis para a organização do encontro. O primeiro seria contar apenas com os recursos próprios da Associação. Nesse caso, teria que ser um evento comedido. Se fosse obtido um subsídio que estava sendo pleiteado junto ao governador Franco Montoro, o encontro poderia ser mais grandioso.

Quando o apoio foi concedido, o centro de convenções do Hotel Transamérica foi reservado e o Procurador-Geral Paulo Salvador Frontini chamou uma empresa especializada para organizar o evento. Ao tomar conhecimento da organização que já havia sido encaminhada por Araldo, entretanto, a empresa informou ao Procurador-Geral que não havia mais nada a fazer, pois tudo já estava bem resolvido.

"O Congresso terá como objetivo discutir a Constituinte em seu sentido mais amplo, isto é: como o Poder Constituinte deve ser conferido e a forma de participação popular nesta Constituinte", declarou Araldo ao *Correio Braziliense*, em reportagem publicada às vésperas do evento. Ele esclareceu, em seguida, que o encontro iria debater também questões mais especificamente ligadas ao Ministério Público, entre as quais a garantia de independência funcional e política:

> Serão discutidas as diversas atribuições do Ministério, quer na esfera criminal, quer na cível e as atribuições novas que têm sido conferidas à instituição, tais como defesa de direitos difusos, da boa qualidade de vida, do consumidor e ainda a forma pela qual o Ministério Público poderia coibir os abusos do poder administrativo, econômico e normativo e a atuação desse órgão na legalidade das contas públicas.

Em 28 de junho, enquanto transcorria o evento do Ministério Público, o presidente José Sarney remeteu ao Congresso Nacional a Mensagem 330, convocando a Assembleia Nacional Constituinte. As mesas da Câmara dos Deputados e do Senado Federal promulgariam a Emenda Constitucional 26, em 27 de novembro daquele mesmo ano, pela qual convocavam a Assembleia, que se reuniria a partir de 1º de fevereiro de 1987, com a eleição de deputados e senadores que se tornariam constituintes.

As citações cada vez mais frequentes em jornais comprovavam o quanto a figura de Araldo ganhava relevância.

Reconhecido como autoridade nos assuntos institucionais do Ministério Público, ele passou a ser também muito requisitado para palestras nos mais diversos estados e em diferentes circunstâncias, como o Congresso Nacional de Criminalística.

Nessa época, o grupo escolheria quem seria o candidato seguinte à presidência da Associação Paulista do Ministério Público, numa reunião no apartamento de Fleury. No caminho para o encontro, Stela disse:

– Agora que estamos morando de volta em São Paulo, por que você não se candidata à presidência da Associação?

– Ah, eu não quero essa encrenca – respondeu Araldo.

– Quer sim – rebateu Stela, enfática. – Você faz muitas coisas nos bastidores e não recebe o devido reconhecimento. Eu sei que no fundo você fica chateado. Chegou a hora de mudar isso.

O grupo havia pensado em convidar Edis Milaré para encabeçar a chapa. Ele vinha se destacando na área ambiental, uma nova vertente trabalhada pelo Ministério Público. Milaré demonstrava resistência à ideia e manteve esse posicionamento no início da reunião. Em vez de usar seu poder de argumentação para convencer o colega, como normalmente faria em ocasiões semelhantes, Araldo se inspirou no incentivo de Stela e disse:

– Ok, então eu sou o candidato.

Ninguém contestou. Araldo venceu a eleição e tornou-se presidente da Associação, ao mesmo tempo que continuava sendo secretário-executivo da Confederação. Na abertura do discurso de posse, ele mencionou uma frase do filósofo espanhol José Ortega y Gasset (1883-1995), uma de suas grandes referências: “Viver é constantemente decidir o que seremos”. E assim seguiu:

> A cada instante, resolvemos o que fazer no instante futuro, ainda não vivido: “A vida é futurização, é o que ainda não é”. Esse conflito, que individualmente todos nós vivemos, tem sido, em verdade, o angustiante drama existencial do Ministério Público.
>
> A liberdade de agir, segundo nossas decisões íntimas, nos permite livremente construir o que seremos. Todavia, a uma instituição não basta decidir o que será: é preciso que a vontade institucional se transmute em vontade da lei.
>
> As enormes dificuldades em conseguir essa transmutação têm obrigado o Ministério Público a ser o que não quer, a viver aquilo que decidiu não viver. Nesse descompasso, porém, reside a sua energia vital.
>
> Energia para rever e reconstruir, com beneditina paciência, a ideia que tem a realizar no grupo social, antes de erigi-la em vontade institucional. Energia para buscar, com perseverança e tenacidade, a transformação da vontade institucional em vontade da lei. Energia para sonhar e crer numa sociedade mais justa. Energia para modificar.

Araldo desenvolveu um estilo de discurso mais criativo, que fugia do padrão formal e previsível da época. Numa das primeiras ocasiões em que falou aos colegas no Ministério Público, convidou todos a fecharem os olhos e pensarem no céu noturno. “Vocês estão imaginando ver o presente, mas estão vendo o passado. A mesma coisa está acontecendo aqui, hoje, nesta solenidade...”

Foi depois de ouvir um desses discursos que um colega, Gilberto Kujawski, grande interessado em Filosofia, disse a Araldo que gostaria de apresentar-lhe um filósofo. O presenteou, então, com o livro *O que é Filosofia*, coletânea de lições dadas por Ortega y Gasset. Araldo diz que esse livro mudou sua maneira de pensar:

> É uma filosofia muito profunda. Ortega lembra que o homem é composto pelo homem e as suas circunstâncias. Ele diz que todos temos uma dimensão de fatalidade, porque não escolhemos família, cor do cabelo, as vivências que vamos experimentar na infância. Mas, dentro da dimensão da fatalidade, existe a dimensão da liberdade, em que podemos desenvolver as potencialidades que trazemos conosco. O desafio é descobrir nossas verdadeiras potencialidades, para que possamos nos dedicar a honrá-las.

Algum tempo depois de ler *O que é Filosofia*, Araldo foi passear em Paris, com Stela. Contrataram um motorista espanhol, a quem Araldo falou sobre o filósofo também espanhol. O rapaz disse que tinha um livro dele, *A Rebelião das Massas*, e, no último encontro dos dois, deu o exemplar a Araldo, com uma dedicatória. Essa leitura também o encantou e o impulsionou a querer ler toda a produção de Ortega y Gasset, que se transformaria em um de seus gurus.

Com base nas reflexões do autor, Araldo passou a acreditar que a combinação entre a busca de conhecimento e o exercício da fé era poderosa para mudar as circunstâncias de uma vida e realizar todo o potencial da existência humana. Fé sem ação não seria suficiente, mas certamente a fé poderia contribuir para as ações necessárias.

Mais recentemente, Araldo estava assistindo, pelo YouTube, a uma palestra do advogado, jurista e professor Celso Antônio Bandeira de Mello. Num certo momento, Bandeira de Mello contou que o pai dele, o célebre jurista Oswaldo Aranha, lhe deu um livro na juventude, aconselhando-o a guardar com carinho por ser uma obra importantíssima. Muitos anos depois, Bandeira de Mello leu o livro e, de fato, sentiu-se transformado pelas ideias ali contidas. Era o mesmo *A Rebelião das Massas*.

Depois do Congresso Nacional do Ministério Público, a Associação formulou um questionário para as afiliadas. Os pontos levantados serviriam como base para as discussões no 1º Encontro Nacional de Procuradores-Gerais de Justiça e Presidentes de Associações do Ministério Público, que seria realizado em Curitiba, em junho de 1986. Seria um encontro essencial para o planejamento de ações relacionadas à Constituinte, que se reuniria a partir de 1º de fevereiro de 1987.

A essa altura, graças ao trabalho do grupo de Araldo, o Ministério Público já estava voltado a construir uma nova arquitetura para a instituição e materializá-la na futura Constituição. Araldo percebia o quanto o Ministério Público era uma colcha de retalhos no Brasil e tinha plena noção da importância de estabelecer diretrizes gerais para a instituição nos diversos estados. A Constituinte seria a grande oportunidade para isso.

A Carta Magna vigente desde 1967 estabelecia a subordinação do Ministério Público ao Poder Executivo, tanto que a seção destinada à instituição fazia parte do capítulo do Poder Executivo. A nomeação do Procurador-Geral da República era feita diretamente pelo Presidente da República, sem qualquer outro tipo de contraponto. O mesmo acontecia com os Ministérios Públicos estaduais, com o Procurador-Geral de Justiça do Estado escolhido pelo governador. Tanto nos estados quanto no âmbito federal, os Procuradores-Gerais poderiam ser demitidos a qualquer momento – a já comentada demissão *ad nutum*.

O Executivo sempre quis encabrestar o Ministério Público sob subordinação direta, mas, diante da impossibilidade de ser tão explícito, o caminho era deixá-lo sem autonomia administrativa, financeira e orçamentária. A libertação começou a ser vislumbrada com o final do regime militar, quando surgiu a perspectiva da nova Constituição.

O 1º Encontro Nacional de Procuradores-Gerais de Justiça e Presidentes de Associações do Ministério Público, em Curitiba, tornou-se um marco histórico para a instituição. Nele foram construídas as bases da proposta que viria a ser apresentada à Assembleia Nacional Constituinte.

Mesmo ocorrendo em meio à Copa do Mundo, entre 20 e 22 de junho de 1986, o evento teve participação maciça de representantes do Ministério Público do país inteiro, incluindo a Procuradoria da República. Depois de muita discussão, foi aprovado um documento, a Carta de Curitiba, que ficaria célebre por trazer a essência do que viria a ser defendido pela instituição durante a Constituinte.

Não foi um caminho fácil. Os Ministérios Públicos estaduais tinham questões divergentes entre eles, e também em relação ao Ministério Público da União. Um exemplo era a permissão ou não para que promotores pudessem exercer a advocacia. O Ministério Público de São Paulo tinha a visão clara de que essa atividade deveria ser vedada, por conflito de interesses: como um promotor poderia trabalhar ao lado do juiz e advogar ao mesmo tempo? Em contrapartida, havia quem defendesse com naturalidade o exercício da advocacia por promotores, algo permitido em alguns estados, como no Rio de Janeiro.

As discussões a respeito foram acaloradas, mas a visão do Ministério Público de São Paulo acabou prevalecendo, em parte. Realmente não houve conciliação possível entre o pensamento dos Ministérios Públicos Estaduais e do Distrito Federal e do Ministério Público Federal, que não abria mão da advocacia. A solução foi criar um capítulo para os primeiros e outro para este último.

As premissas registradas na Carta de Curitiba seriam até tímidas em comparação ao que viria a ser efetivado na Carta Magna. Muitos dos avanços constatados entre um e outro momento, incluindo uma gama bem mais ampla de poderes e atribuições, seriam conquistados graças ao trabalho incansável de Araldo e outros líderes do Ministério Público junto aos constituintes.

Como veremos adiante, o vasto rol de atribuições institucionais do Ministério Público previstas pela nova Constituição resultou da atuação permanente do grupo durante a Constituinte. Sempre que era percebida alguma lacuna nos sistemas de controle que fazem parte do Estado democrático, a sugestão era incluir o Ministério Público. Por exemplo: no artigo 5º, referente às garantias individuais, ficou estabelecido que a ação penal pública é de iniciativa exclusiva do Ministério Público, estando o interessado autorizado a agir apenas na omissão da instituição.

O ano de 1987 reservaria muitas novidades para Araldo. No dia 15 de janeiro, nasceu Beatriz Neves Dal Pozzo, a quarta do "clã". Ela chegou um tanto temporã, quase nove anos depois do nascimento de Christiane. Augusto estava com 11 anos e Daniela, com 13.

Quando Orestes Quércia foi eleito governador de São Paulo, convidou Fleury para a Secretaria de Segurança Pública – o que o obrigaria a renunciar ao cargo de presidente da Conamp, já que eram atividades incompatíveis. Faltavam poucos meses para a eleição da nova diretoria.

O vice, Paulo Olímpio de Souza, avisou que não estava em condições de se dedicar à instituição naquele momento. Precisava ficar no estado natal, o Rio Grande do Sul, e não teria como estar presente em Brasília, conforme a presidência da Conamp exigiria naquele período, em função da Constituinte. Com isso, Araldo assumiu a liderança da instituição, da qual era o secretário-tesoureiro até então.

A instalação da Assembleia Constituinte, em 1º de fevereiro de 1987, marcou também o início de um período de quase dois anos em que Araldo ficaria inteiramente dedicado à missão de defender os interesses do Ministério Público na nova Constituição. Ao lado dele, alguns fiéis escudeiros, como José Emmanuel Burle Filho, também companheiro no Ministério Público de São Paulo, e Elza Lugon, presidente da Associação do Ministério Público Federal.

"Éramos os lanternas em termos salariais, uma vergonha. Sequer tínhamos sedes próprias. Estávamos sempre em salas emprestadas, podendo ser despejados a qualquer momento", lembra Elza, ao recordar algumas das razões que a levaram a se engajar tão fortemente na missão.

Outro nome de destaque do grupo que faria o corpo a corpo com os constituintes em Brasília era Walter Sabella, de quem Araldo se aproximara no ano anterior. Sabella havia ingressado no Ministério Público sete anos antes, quando Araldo era "assessor de frente" – jargão interno para assessores que trabalham diretamente com o Procurador-Geral.

A primeira ação estratégica de Araldo havia sido entrar em contato com os presidentes das Associações do Ministério Público em todos os estados para pedir um levantamento amplo de informações sobre os deputados e senadores – dados sobre o perfil político e partidário, além de financiadores de campanhas e outras pessoas que poderiam ter influência sobre cada um deles.

Muitos certamente enfrentavam problemas com o Ministério Público local, e esse tipo de detalhe era importante registrar nas "fichas". Com isso, aos poucos, o grupo foi construindo um placar interno, com projeções de quem seria contra e quem seria a favor das causas do Ministério Público.

A ideia era definir a melhor estratégia para chegar a cada constituinte e informá-lo sobre o Ministério Público que a Conamp vislumbrava. Organizou-se, então, um cronograma de visita. O objetivo era que Araldo, ou eventualmente outros representantes do grupo, conversasse com todos os constituintes em encontros individuais. Um trabalho gigantesco de divulgação e influência.

As investigações sobre os perfis dos constituintes chegaram à conclusão de que havia 36 membros do Ministério Público entre eles. Esses poderiam virar porta-vozes da instituição no plenário, especialmente em situações delicadas, como a votação de emendas que viessem a desagradar determinadas categorias de funcionários públicos.

A habilidade para construir e fortalecer alianças tornou-se vital naquele período. Durante a fase inicial da Constituinte, Araldo e outros colegas do Ministério Público estabeleceram um relacionamento próximo com o deputado Ibsen Pinheiro, do PMDB, que era promotor do Ministério Público do Rio Grande do Sul. Reconhecido pela inteligência e pela capacidade de articulação política, Ibsen era um dos nomes mais prestigiados por Ulysses Guimarães, presidente da Assembleia Nacional Constituinte.

O gabinete de Ibsen, número 928, transformou-se no quartel-general informal da "turma do MP". Outro constituinte que deu muito apoio ao Ministério Público foi Nelson Jobim, em cujo gabinete muitas vezes Araldo, Sabella e Burle se reuniam para discutir propostas e elaborar emendas. Não raro, varavam a noite ali, buscando redigir justificativas para as emendas que iriam propor e para a rejeição das que sabiam contrárias. Araldo ia toda segunda-feira a Brasília, ficava a semana hospedado no Hotel Bristol e voltava na noite de sexta para passar o final de semana em casa.

O primeiro relator do texto sobre o Ministério Público na Constituinte foi o deputado paulista Plínio de Arruda Sampaio. Era um bom presságio, pois ele havia sido promotor, cassado pelo governo militar em 1964, sob acusação de envolvimento com movimentos de trabalhadores do campo, o que era visto como prova suficiente para rotulá-lo como "comunista". Muitos anos depois, Plínio foi eleito deputado pelo Partido dos Trabalhadores (PT).

Na noite de 13 de abril de 1987, aconteceu a primeira audiência pública na Assembleia Constituinte, justamente sobre o Ministério Público. Foi na subcomissão do Poder Judiciário e do Ministério Público, presidida pelo deputado José Costa, de Alagoas. A audiência foi assistida por dezenas de constituintes, procuradores-gerais de Justiça, presidentes de associações de quase todo o Brasil e numerosos jornalistas.

Como presidente da Associação Paulista do Ministério Público e Secretário-Geral da Conamp, Araldo foi escolhido para falar pela instituição. Durante 40 minutos, o tempo limite para a exposição, ele compartilhou a visão de futuro, lapidada ao longo dos últimos anos por muitos estudos e debates. Ao abrir sua exposição, ele afirmou:

> Tendo à frente, como uma realidade quase palpável, a consciência de que a História nos ouve, sinto a vibração intensa das responsabilidades que se chocam em minha mente, no meu coração e na minha alma. É que devo falar de uma paixão, desapaixonadamente. É que eu devo falar de uma fé, sem trazer nenhum dogma. É que eu devo falar sobre uma instituição, a que pertenço, sem nenhuma visão corporativista. É que devo, atado ao tempo, que se escoa célere e fugidio, retratar os anseios de uma instituição sofrida e muitas vezes mal compreendida, mas que teima em ter seu destino ligado à Democracia.

Araldo lembrou que o Ministério Público tinha função importante na área criminal, mas que também precisaria atuar com mais ênfase em outros temas de grande importância, como a defesa das crianças, de pessoas com deficiência e de idosos. Desenhou, assim, o perfil de uma instituição com forte preocupação humana, voltada à promoção da cidadania.

"Ao defender o interesse público, o Ministério Público defende o interesse de seu titular, que é a sociedade. (...) Portanto, o Ministério Público, ao agir, representa a sociedade e não o Estado, enquanto pessoa jurídica de direito público", disse Araldo, para demonstrar que a instituição buscava, ao lado das funções na área criminal (na qual o direito de punir é do Estado), defender os valores fundamentais da sociedade, os direitos indisponíveis, como a liberdade e o meio ambiente, dentre outros.

Preocupado em ser didático, ele listou e descreveu as funções que o Ministério Público já desempenhava – defesa da Constituição e da ordem jurídica, promoção da ação penal pública, intervenção nos processos judiciais em que há interesse público, instauração de inquérito civil para instruir ação civil pública, e ainda discorreu sobre a própria ação civil pública. Mencionou, também, as novas funções que a instituição pretendia exercer: ampliação da atuação na investigação criminal, defesa do regime democrático e definição de medidas administrativas executórias (com poder de paralisar imediatamente ações prejudicais à sociedade, como na área ambiental e na relação com consumidores).

Araldo enfatizou que os cidadãos brasileiros precisavam de quem os defendesse. Esse foi o epicentro do conceito de Ministério Público "vendido" à Constituinte: uma instituição que assumiria atribuições que, no Estado brasileiro vigente até então, simplesmente não havia quem assumisse. Em certas questões, era comum ouvir a sentença irônica "reclame com o bispo", expressão que simbolizava a impotência do cidadão diante de estruturas poderosas.

Araldo afirmava, com muita convicção, que o Ministério Público poderia ser o receptor dessas queixas, como representante e porta-voz da população em suas necessidades mais básicas. Em outras palavras: o Ministério Público se propunha a assumir o papel do "bispo" na célebre sentença.

Por fim, ele esclareceu que a instituição não estava pedindo nada para si mesma, nenhum privilégio. Queria apenas garantias de que poderia exercer suas funções sem pressão política, com a certeza de que o governador não tiraria ninguém com uma canetada, o que envolvia também ter salários dignos e estrutura adequada para não depender da boa vontade alheia.

Naquele momento de restabelecimento da democracia brasileira, Araldo enfatizou que, ao redor do mundo, as instituições semelhantes ao Ministério Público se fortaleciam em ambientes democráticos e perdiam força em regimes autoritários, transformadas em extensão do Executivo. Era, portanto, o momento de fortalecê-la, como estratégia para fortalecer a própria democracia.

A origem histórica do Ministério Público envolvia, de fato, muita proximidade com o Poder Executivo. Os chamados "agentes do rei" foram criados na França, no início do século 17, com a missão de representar a monarquia na cobrança de impostos dos senhores feudais. Para dar maior importância aos seus representantes, o rei determinou que seus agentes se sentassem em cadeiras postas sobre o mesmo tablado – chamado *parquet* – no qual ficavam as cadeiras dos juízes. Por essa razão, os membros do Ministério Público são conhecidos até hoje como integrantes do *Parquet*.

Embora criado para representar os interesses privados do monarca, o Ministério Público teve suas funções ampliadas ao longo do tempo. A Constituinte seria a ocasião perfeita, lembrou Araldo, para romper de vez o cordão umbilical que a instituição ainda mantinha com o Poder Executivo no Brasil.

Para fazer isso de forma soberana, era fundamental dar-lhe autonomia, tanto administrativa quanto financeira e orçamentária. Araldo finalizou o pronunciamento citando um discurso de João Batista de Arruda Sampaio, feito em 1966. Tratava-se de um grande expoente do Ministério Público de São Paulo e pai do relator daquela subcomissão, o constituinte Plínio de Arruda Sampaio. As palavras evocadas por Araldo foram as seguintes:

> Posso hoje dizer, com pleno conhecimento de causa, da importância do Ministério Público na realização da Justiça. Era sempre com justo orgulho que aplaudia, em coro com os eminentes desembargadores, a atuação eficiente e imprescindível dos promotores ou procuradores de Justiça. Assim, nunca será demais repetir, para engrandecimento de todas, que o Ministério Público, a Advocacia e a Magistratura são três instituições que se completam. Não haverá magistratura perfeita sem Advocacia e Ministério Público perfeitos. A unidade e harmonia desse triângulo, sem quebra da autonomia de cada uma delas, é ponto fundamental para que o Direito se realize, de forma completa e segura, através da Justiça.

Na sequência da audiência, Araldo passou quase três horas elucidando dúvidas apresentadas pelos 16 Constituintes que se inscreveram para formular perguntas ou prestar apoio ao texto da Conamp. Respondeu sempre com muitos dados e mantendo a fidelidade às linhas traçadas pela Carta de Curitiba.

O quarto constituinte a formular perguntas a Araldo foi seu conterrâneo Michel Temer. Mostrando-se satisfeito com o sistema de fiscalização externa e interna da instituição, ele apresentou algumas sugestões. Afirmou que a duração do mandato do Procurador-Geral deveria ser fixado na Constituição e que talvez fosse o caso de admitir a legitimidade ativa da ação por inconstitucionalidade às pessoas jurídicas de direito público. Araldo concordou com essas sugestões. Ibsen Pinheiro foi outro dos que se manifestaram:

> Vim ao microfone para que essa desistência (de formular pergunta ao expositor) tenha o conteúdo de uma homenagem ao expositor, em primeiro lugar porque nos trouxe um trabalho que, sobre a competência técnica, vale como lição de espírito público. (...) É extremamente saudável ver que uma instituição comparece a esta primeira audiência pública munida única e exclusivamente do interesse público. Não traz, aqui, postulações de natureza corporativa. Ao contrário, vem reivindicar prerrogativas que significam, resumidamente, trabalho. (...) Cumprimento, finalmente, o Dr. Antonio Araldo Ferraz Dal Pozzo, identificando nele um estilo de trabalho que certamente haverá de valorizar extremamente as nossas atividades.

Nelson Jobim também fez questão de se manifestar:

> Partiria da constatação que demonstra, com absoluta clareza a intenção da Confederação Nacional do Ministério Público, expressa no art. 1º de sua proposta de sugestão, de produzir uma inversão, de tal forma que os órgãos como o Ministério Público não sejam vistos como braços de Poder sobre o Estado e a população, e sim como braços da população no controle do Estado. É de se observar que a Constituição de 1969, ao ter colocado o Ministério Público no capítulo "Do Poder Executivo", estava colocando o braço do Poder sobre o cidadão. Na medida em que essa Confederação atribui ao Ministério Público a responsabilidade da defesa do regime democrático e do interesse público, velando pela observância da Constituição e da ordem jurídica, está mostrando a modernidade dessa posição, a fim de que o Estado sirva ao cidadão. E o Estado fornecerá, através de seus órgãos, os braços para que o cidadão o domine. Essa observação se impõe.

Ao final daquele pronunciamento histórico, Araldo foi aclamado pelos colegas como presidente da Conamp para o biênio 1987-1989, cargo que já vinha exercendo na prática. A confirmação formal se daria menos de dois meses depois pela eleição realizada em Campo Grande (MS), sem outra chapa concorrente. Ao tornar-se presidente da Conamp, Araldo convidou Sabella para assumir a secretaria da entidade.

Na segunda fase da Constituinte, o relator do capítulo do Ministério Público foi o deputado pernambucano Egídio Ferreira Lima, juiz aposentado. Muitas emendas ao texto foram apresentadas. Naquelas consideradas favoráveis à instituição, Ibsen indicava um deputado para defendê-la, e esse parlamentar era instruído por Araldo sobre o que precisava falar.

Muitas vezes, essas "aulas" ocorriam momentos imediatamente anteriores ao discurso. Um deputado foi convocado para falar sobre o tema "interesse difuso", por exemplo. Só que ele não fazia a menor ideia do que se tratava. Para ser didático e breve em um assunto complexo, Araldo utilizou como exemplo o azeite de oliva:

> Imagine um vendedor que começa a colocar um pouquinho a menos de azeite em cada lata. A maior parte dos consumidores não vai perceber e aqueles que eventualmente perceberem dificilmente assumiriam uma briga por conta disso. Esse é o interesse difuso, algo que interessa à coletividade. É esse tipo de briga que o Ministério Público pode assumir.

Araldo riu sozinho nos bastidores quando ouviu o deputado usando o exemplo no plenário – só que, talvez para ter alguma sensação de autoria, adaptou para "azeitonas no saquinho".

De forma geral, era assim que a Constituinte funcionava. Como não era possível acompanhar todos os assuntos ao mesmo tempo, grande parte das votações ocorria sem que houvesse domínio adequado do assunto por aqueles que iriam votar. Assim, tornava-se decisivo o trabalho de bastidores feito por Araldo e outros integrantes do Ministério Público.

Não foi fácil lidar com o poder do Centrão, a força política tradicionalmente dominante no Congresso. O primeiro impulso do Centrão na Constituinte foi desfigurar a proposta inicial do texto sobre o Ministério Público, por meio de uma série de emendas. "Foi preciso reconstruir praticamente do zero, o que exigiu muita dedicação e articulação", lembra Sabella.

Uma das maiores polêmicas foi, mais uma vez, a equiparação de salários. O Ministério Público pleiteava a isonomia salarial com a magistratura, tradição que no Estado de São Paulo já estava estabelecida havia mais de 50 anos. Em outros Estados, esse pleito colocou o Ministério Público em oposição ao Poder Judiciário, que não queria a isonomia, e aos delegados de polícia – que, por sua vez, pleiteavam conquistar a isonomia em relação ao Ministério Público. Era a chamada "isonomia em cascata".

Um dia, o grupo do Ministério Público estava almoçando em Brasília com o deputado Ibsen. Araldo descreveu o quanto estava cansado com a insistência dos representantes dos delegados em incluir nos textos a equiparação salarial com o Ministério Público. Incomodado com essas ações de bastidores, Ibsen disse:

– Precisamos colocar um bode na sala deles. Criar outra causa pelas quais eles precisarão lutar, além da isonomia, para que tenham que dividir a energia.

A ideia que surgiu ali, na mesa do restaurante, foi apresentar à Constituinte a proposta para que o Ministério Público passasse a deter o controle externo da atividade policial. Ibsen pegou um guardanapo e rascunhou a ideia que, no final das contas, seria incluída no artigo 129 da Constituição Federal: "Compete ao Ministério Público exercer o controle externo da atividade policial".

O que nasceu apenas para ser uma "distração" acabou sendo aprovado, para revolta dos delegados. Ninguém conseguiu vetar a proposta ao longo da tramitação e ela foi seguindo, fortalecida pelo argumento de que, nos Estados Unidos, o Ministério Público é considerado uma espécie de "chefe" da polícia, modelo que poderia ser bom também para o Brasil. De fato, foi uma excelente distração, pois se tornou uma discussão tão polêmica quanto a da isonomia salarial, que acabou não sendo aprovada.

Nessa época, Araldo aprendeu uma lição valiosa: a fonte do Direito mais importante não era nenhuma daquelas que são estudadas nos livros. Não era a lei, nem os usos e os costumes, muito menos os princípios gerais do Direito. A real fonte essencial eram os dedos do datilógrafo ou digitador. Se o responsável por produzir o documento errasse na inserção do texto e ninguém percebesse, o erro muito provavelmente passaria a integrar em definitivo a lei, dada a complexidade envolvida no sistema de correção.

Diante dessa realidade, o grupo do Ministério Público conquistou um aliado importante dentro do Prodasen, o serviço de Processamento de Dados do Senado, onde eram produzidos os relatórios submetidos às votações: um dos funcionários responsáveis pelas impressões oficiais. Quando os arquivos ficavam prontos, ele os enviava também para uma impressora comprada pelo grupo de Araldo e instalada numa salinha minúscula nos arredores.

O Prodasen se tornou tão estratégico naquele período que Egídio Ferreira Lima estabeleceu seu gabinete lá, assim como fizeram vários redatores de outras partes da Constituição. Com a possibilidade de ter acesso aos relatórios ao mesmo tempo que o relator, o grupo do Ministério Público conseguia identificar rapidamente eventuais necessidades de correção ou ajuste.

Essas necessidades de ajustes nem sempre ocorriam por conta de erros de digitação, mas eventualmente por ação de grupos interessados em modificar, incluir ou excluir determinados trechos. Num processo tão complexo e que envolvia tanta gente, havia diferentes formas de realizar esse tipo de ajuste no texto sem que ninguém conseguisse identificar como a mudança havia surgido. Por isso era tão importante conferir o texto exato que seria efetivamente submetido à votação.

Como o tempo era um fator essencial e a impressora "clandestina" não poderia ficar abandonada por um minuto sequer, era comum que Araldo e seus parceiros fizessem plantões ao lado da máquina. Numa dessas ocasiões, ele, Sabella, Burle e Elza Lugon se revezaram por 32 horas – das 12h de um dia às 20h do dia seguinte – à espera da conclusão de um relatório. Atravessavam essas verdadeiras odisseias à base de água, sanduíches e cigarros.

Quando Egídio Ferreira Lima apresentou o relatório final sobre o Ministério Público, a impressão saiu por volta da meia-noite. A votação estava marcada para o início da tarde seguinte. Araldo leu tudo, constatou que o texto estava em ordem e foi para o hotel descansar. Ele sempre deixava, no entanto, algum funcionário do Prodasen como "informante" encarregado de alertar sobre eventuais movimentações estranhas durante a noite.

Por volta das três da manhã, o telefone tocou. O informante contou que o Dr. Sepúlveda Pertence, então Procurador-Geral da República, acabara de sair do Prodasen. O fato era especialmente relevante porque Pertence defendia o direito de exercício da advocacia particular pelos membros do

Ministério Público Federal – ao que tudo indicava, era uma visão contrária ao seu modo pessoal de pensar, mas que atendia a uma reivindicação da classe por ele chefiada.

Araldo foi até lá e constatou que o direito à advocacia voltara misteriosamente ao texto do relatório, diferentemente da versão lida por ele poucas horas antes. Ligou para Ibsen e os dois se encontraram no meio da madrugada com Egídio para mostrar que aquele ponto não poderia estar no texto. O relator argumentou que não seria mais possível voltar atrás, pois a votação seria no dia seguinte e o relatório havia sido impresso daquele jeito.

Araldo pensou rápido: propôs uma errata, a ser inserida como última página do relatório que seguiria para votação. Para isso, ainda havia tempo hábil. Após um delicado trabalho de convencimento, Egídio aceitou a ideia.

Às oito da manhã, Araldo e alguns colegas do grupo estavam deixando o Prodasen com três cópias impressas do relatório, com a errata devidamente incluída. Nesse momento, perceberam a aproximação de um colega Procurador da República. Araldo pediu a Elza Lugon que discretamente arrancasse a página da errata de um dos relatórios e oferecesse ao procurador essa cópia. Contaram que tinham acabado de buscar três cópias da versão impressa e que ele poderia ficar com uma das cópias, se quisesse, pois não precisariam das três.

O procurador mordeu a isca: agradeceu, pegou o documento e foi embora. Araldo sabia que aquela versão seria compartilhada com os colegas do Ministério Público Federal. Assim, durante o almoço no restaurante da Câmara, que todos frequentavam naquele período, o grupo dos Procuradores da República não escondia a alegria. Já Araldo e seus companheiros combinaram de fazer expressões de desânimo, como se tivessem percebido a derrota e soubessem que não havia mais tempo para revertê-la.

Todos foram para o plenarinho à espera da votação. Faltando quinze para as duas, Pertence entrou na sala, esbaforido, e dirigiu-se ao deputado Egídio. Ele havia tomado conhecimento da existência da errata, e o gestual indicava uma conversa pouco amistosa.

Aristides Junqueira, que viria a ser Procurador-Geral da República entre 1989 e 1995, lembra que Pertence gostava de contar uma história relacionada a Araldo e à luta para que a Constituição assegurasse um alto grau de autonomia ao Ministério Público. Em meio às sucessivas conquistas do grupo durante a Constituinte, Pertence teria dito a Araldo: "É tanta independência que só falta agora vocês colocarem na Constituição que o Ministério Público vai firmar relações diplomáticas com o Brasil". Araldo não lembra dessa fala específica de Pertence, falecido em 2023, mas, de qualquer forma, é uma boa história para compor o folclore daquele período.

Com a carreira iniciada no Ministério Público de Goiás, Junqueira convivia de perto com o Ministério Público de São Paulo desde 1973 e via o trabalho relevante que estava sendo desenvolvido ali. Já conhecia Araldo bem antes da Constituinte, mas foi nesse momento histórico que passou a acompanhar sua atuação mais de perto. "Ele foi, sem dúvida, um dos grandes trabalhadores pelo que está hoje na Constituição", reconhece.

Pela primeira vez na história, ressalta Junqueira, uma Constituição Federal brasileira trazia o conceito de Ministério

Público: "Instituição permanente, essencial à função jurisdicional do Estado, incumbindo-lhe a defesa da ordem jurídica, do regime democrático e dos interesses sociais e individuais indisponíveis".

Tantos anos depois, os analistas ainda não chegaram a um consenso se o Ministério Público deve ser classificado como um organismo estatal independente ou um Quarto Poder do Estado, ao lado do Executivo, do Legislativo e do Judiciário. Araldo prefere essa tese, conforme explicou no livro *Revisitando uma história sem fim*:

> Na medida em que pode dar a última palavra quanto a um direito de que o Estado é titular – o *jus puniendi*. Com efeito, o Procurador-Geral pode encerrar uma investigação e agir em nome do Estado para declarar inexistente esse direito de punir. Não há como submeter essa decisão ao Poder Judiciário – o que significa que ela é fruto do exercício de uma parcela da soberania pelo Ministério Público.

Em 14 de agosto de 1987, Araldo escreveu, como presidente da Conamp, a Bernardo Cabral, relator da Comissão de Sistematização, responsável pelo texto final da nova Constituição:

> Nós nos sentimos realmente tranquilos quando sabemos que sua participação é decisiva nessa fase final da Assembleia Nacional Constituinte. E apenas para que não nos fuja o momento, entregamos a Vossa Excelência a mensagem da Confederação Nacional do Ministério Público – portanto de todos os Promotores de Justiça do Brasil – procurando sintetizar o anseio de

uma instituição, cujo desejo é unicamente o de servir à sociedade e cuja crença é a de que possa ser realmente um dos instrumentos para que os homens usufruam plenamente de um novo tempo que se anuncia.

A defesa do regime democrático, da ordem jurídica e dos interesses sociais e individuais indisponíveis é a missão que a história da Nação Brasileira – cujos caminhos são próprios e inconfundíveis com os que trilharam outras nações – vem confiando ao Ministério Público.

Seu enunciado constitucional é imprescindível para que a legislação ordinária, num momento posterior, possa atribuir a essa instituição legitimação para agir junto aos poderes competentes, na tutela do que é fundamental para a existência pacífica e profícua da sociedade e para a realização de seus membros como pessoa humana.

Não obstante, a futura Constituição deve trazer, desde logo, funções institucionais básicas, reunidas em princípios gerais, compondo um sistema de notável flexibilidade, capaz de abranger hipóteses que o futuro sem dúvida reserva e que somente assim permanecerão a salvo de injunções momentâneas, responsáveis por fases obscuras de nosso passado.

É preciso reafirmar que o Ministério Público deseja um Poder Judiciário forte, independente e autônomo – e ao mesmo tempo ágil em suas respostas e acessível a todos. Sabemos que a legitimidade política e substancial do Poder Judiciário advém de sua imparcialidade, alcançada através da sua independência e da circunstância de ser ele inerte, isto é, somente agir mediante provocação do interessado.

Ora, se nos casos mais importantes tal provocação deve ser exercida pelo Ministério Público, a verdadeira independência do Poder Judiciário se realiza também através da independência do Ministério Público.

É que o poder do Judiciário para julgar supõe, necessariamente, a independência do Ministério Público para provocar o julgamento.

A independência da instituição somente pode ser efetivamente alcançada se a mantivermos a salvo dos mecanismos de pressão tão bem conhecidos, conferindo-lhe autonomia funcional, administrativa e financeira, com dotação orçamentária própria, permitindo-lhe que escolha, por eleição, o seu procurador-geral, para mandato certo. Já para os membros da instituição, são necessárias garantias, vedações, vencimentos e estatutos iguais aos dos Magistrados.

De nada vale a independência da instituição sem a independência de seus membros – e dentro de todo o quadro político nacional, nenhum outro parâmetro, que não o da Magistratura, melhor se ajusta à forma de investidura, à organização e à natureza das funções do Ministério Público. Em contrapartida, quer o Ministério Público se submeter a um sistema adequado de controles.

Por essa razão, entende que a Ordem dos Advogados do Brasil e o Poder Judiciário devem participar de seu concurso de ingresso; deseja criar um mecanismo para que o cidadão recorra a órgão colegiado do Ministério Público, da decisão do Procurador-Geral que arquivar ou mantiver o arquivamento de qualquer investigação criminal ou de peças de informação; quer que o Poder Legislativo controle a execução de seu orçamento através de audiências públicas e se submete ao controle do Tribunal de Contas.

Não basta, contudo, o fortalecimento do Poder Judiciário e do Ministério Público, eis que a Administração da Justiça se apoia de forma igual também no terceiro e indispensável sustentáculo que é a Ordem dos Advogados do Brasil.

> O Ministério Público quer a inviolabilidade do advogado no exercício de sua profissão, para que possa atuar de forma livre e soberana. É a garantia mínima que se exige para a perfeita distribuição da Justiça.
>
> São estes os componentes básicos para se construir um Ministério Público ajustado às reais necessidades desse país – um Ministério Público que não pretende ser um dos ramos do Poder único do Estado, mas apenas o braço do cidadão contra os abusos que se praticam contra a cidadania e os direitos essenciais de cada um.

Em 3 de novembro, menos de três meses depois dessa correspondência, o jornal *Correio Braziliense* trouxe um anúncio de agradecimento ao papel desempenhado por Bernardo Cabral na Constituinte:

> O Ministério Público vem, publicamente, expressar o seu reconhecimento ao Relator da Comissão de Sistematização, constituinte Bernardo Cabral, pelo tratamento constitucional que dispensou à Instituição, que poderá, doravante, realmente exercer a defesa da Ordem Democrática e dos interesses sociais e individuais indisponíveis. À Comissão de Sistematização, nossa confiança de que apoiará o substantivo. Assinam: Antonio Araldo Dal Pozzo, Confederação Nacional do Ministério Público; Norma Augusto Pinto, Associação do Ministério Público do Trabalho; e Elza Lugon, Associação do Ministério Público do Distrito Federal.

Ocorreu, então, a histórica votação descrita logo nas primeiras páginas deste livro. O capítulo do Ministério Público foi aprovado por ampla maioria, levando Araldo às lágrimas, depois de dois anos de intensa dedicação à causa.

Ao lado de Ibsen Pinheiro, celebrando a promulgação da Constituição

Numa edição especial sobre a Constituição, publicada em outubro de 1988, mesmo mês de promulgação da nova Carta Magna brasileira, o jornal do Ministério Público paulista destacou muitos nomes, incluindo promotores e procuradores de Justiça já aposentados, que haviam sido convocados a atuar e saíram a campo como soldados da missão liderada por Araldo: João Lopes Guimarães, Marino Pazzaglini, Pedro Franco de Campos, Paulo Salvador Frontini, Cláudio Ferraz de Alvarenga, Cássio Juvenal Faria, Antonio Augusto Mello de Camargo Ferraz, Hugo Nigro Mazzilli, Geraldo Mascarenhas e Renato Martins Costa.

"A Constituinte foi o grande desfecho de um processo iniciado muitos anos antes e que, sem dúvida, teve Araldo como um dos protagonistas", lembra Renato Martins Costa, um dos companheiros fiéis no período e amigo pela vida afora. Costa ingressara no Ministério Público em 1979, aos 27 anos, depois de formar-se em Direito no Largo São Francisco. Prestou o concurso plenamente convicto de que o MP era o seu grande objetivo de carreira – e dedicou-se tanto aos estudos que ficou com o primeiro lugar.

Durante o primeiro seminário dos Grupos de Estudos do qual participou, em Poços de Caldas (MG), ele foi chamado por Araldo, então uma das jovens lideranças em ascensão do MP, para uma conversa numa praça próxima ao hotel onde ocorria o evento.

> Ele falou que tinha boas referências minhas e queria saber o que eu pensava do futuro no MP, se tinha interesse em participar da política institucional. Eu respondi que sim, pois sabia que o MP era uma obra em construção, com imensa potencialidade.

As conquistas materializadas pela Constituinte só se tornaram possíveis, também, por conta do apoio oferecido pela diretoria da Associação Paulista do Ministério Público ao longo de todo o período – especialmente o vice-presidente, Hugo Nigro Mazzilli, o tesoureiro, Bernardo Ferreira Fraga, e o primeiro-secretário, Francisco Stella, que não descuidaram da parte administrativa e do atendimento aos associados durante o mutirão de Brasília. "A engrenagem tinha que rodar, havia o dia a dia para tocar", lembra Stella, que se tornou mais um dos integrantes da turma de pesca de Araldo.

Além de todos esses nomes, houve, claro, o apoio sempre próximo de Sabella, Burle e Lugon. Certa vez, após passar apenas dois dias em casa antes de voltar para Brasília, Sabella ouviu da filha de oito anos: "Pai, quando é que você vem visitar a gente de novo?".

Araldo tentava voltar para casa nos finais de semana, mas nem sempre era possível. Os trabalhos de discussão de textos ou artigos importantes para o Ministério Público frequentemente invadiam os sábados e domingos.

O alto nível de planejamento e de dedicação que guiou o processo de convencimento dos constituintes seria assim descrito, muitos anos depois, por Joaquim Cabral Netto no livro *Conamp-Caemp: uma história sem fim*:

> O trabalho de Araldo, visto por uma perspectiva histórica, mostra que ele se revestiu de uma visão eminentemente profissional, e não com laivos de amadorismo. Talvez tenha sido o Ministério Público a única das entidades que, naquele momento, graças à visão de Araldo, tenha se preparado, dentro do possível, para, de forma consciente, conhecer as pessoas envolvidas naquele processo, aparar arestas, evitar choques e cuidar para não ser surpreendido.

Algum tempo depois da promulgação da nova Constituição, Araldo foi convidado a fazer uma palestra em um evento em Brasília. Um jornalista que falou antes dele disse que não sabia como a Constituinte havia aprovado um texto tão forte sobre o Ministério Público, um texto que deixava a própria classe política mais suscetível a investigações e punições. Araldo levantou a mão e disse:

– Eu sei. É porque eles não sabiam direito o que estavam votando e não tinham muita noção dos desdobramentos.

Conhecendo tão bem os bastidores, Araldo muitas vezes se divertiu lendo comentaristas analisando a Constituição com base em razões filosóficas para determinados artigos. Ele sabia, por experiência própria, que frequentemente os textos tinham origem improvisada, quase acidental.

A atuação de Araldo durante a Constituinte o consolidou como grande referência no Ministério Público. Ele virou uma espécie de herói entre os colegas, reconhecido como responsável principal pelo novo perfil que a instituição ganhou a partir dali. Foi reeleito presidente da Associação Paulista do Ministério Público e seguiu no comando da Conamp. Tornou-se, de vez, um verdadeiro "globe-trotter", fazendo palestras praticamente todas as semanas sobre o Ministério Público em face da nova Constituição, nos mais variados eventos em todo o Brasil.

Ele se sentia realizado por ter ajudado a construir a perspectiva de um Ministério Público em que acreditava de verdade, uma instituição que certamente poderia ajudar a melhorar o país. Era um ótimo sentimento, embora Araldo soubesse que teria ainda muitas lutas a enfrentar.

As novas frentes de combate eram as constituições estaduais e a Lei Orgânica Nacional. A Constituição determinava que a Lei Nacional era uma iniciativa do presidente da República, enquanto as leis estaduais seriam de iniciativa dos procuradores-gerais. Assim, nos Estados, os projetos de Lei Orgânica locais seriam elaborados pelo próprio Ministério Público de cada Estado, e não pelo Executivo.

Apenas um mês depois da promulgação da Constituição, o presidente José Sarney montou uma comissão para elaborar o anteprojeto da Lei Orgânica Nacional do Ministério Público. Como não havia tempo para uma discussão mais ampla, a Conamp assumiu a condução do processo de negociação das sugestões.

No final de agosto de 1989, houve um grande debate num hotel de Aracaju (SE), durante o Encontro Nacional dos Procuradores-Gerais de Justiça do Brasil e Presidentes das Associações do Ministério Público. Os procuradores discutiram as estratégias de acompanhamento do anteprojeto da Lei Orgânica no Congresso Nacional, para assegurar que o Ministério Público viria a ter condições de cumprir suas novas atribuições definidas pela Constituição Federal – o que passaria, obrigatoriamente, pela efetivação da autonomia orçamentária. Da mesma forma que os poderes Legislativo, Judiciário e Executivo participavam do orçamento estadual, o Ministério Público também deveria ter uma dotação específica prevista pelas constituições estaduais.

A proposta de anteprojeto produzido pela Conamp foi encampada quase sem ressalvas pela comissão nomeada pelo presidente Sarney. Ele não encaminhou a questão ao Congresso, no entanto. Só bem depois o presidente Itamar Franco daria andamento ao trâmite, muito em decorrência da iniciativa de Ibrahim Abi-Ackel, então Ministro da Justiça.

Remetido ao Congresso Nacional, o projeto acabaria sendo retirado pelo presidente Fernando Collor, que mais tarde o reeditaria com ajustes, ainda que preservando grande parte da concepção original. Esse novo projeto seria finalmente aprovado pelo Congresso Nacional em 1993.

Os trabalhos relacionados às Constituições Estaduais e às respectivas Leis Orgânicas foram iniciados logo depois da promulgação da Carta Magna. A Conamp orientou os Ministérios Públicos estaduais no sentido de que trabalhassem para reproduzir, nas respectivas constituições, os preceitos já estudados e presentes no projeto da Lei Orgânica Nacional.

Em São Paulo, os Delegados de Polícia e os Procuradores do Estado tentaram, mais uma vez, obter isonomia de vencimentos com o Ministério Público. Pleiteava-se a isonomia salarial para as carreiras jurídicas (procuradores, delegados, promotores, juízes de direito e defensores públicos). O governador Orestes Quércia se manteve firme e não cedeu, com base nos aumentos de custos que isso representaria para o governo do Estado.

Em 21 de setembro de 1989, a isonomia não foi aprovada. A longa e tensa sessão incluiu até uma ameaça de bomba no Palácio 9 de Julho. Como a varredura da Polícia Militar não encontrou indícios de explosivos, a programação seguiu. O resultado motivou a principal manchete do *Jornal da Tarde* no dia seguinte: "Isonomia não passou. Vitória dos contribuintes". "Nem com muita pressão sobre os deputados, os delegados de polícia paulistas conseguiram equiparação a juízes. O Estado deixou de perder US$ 100 milhões por mês", informava o jornal.

Nessa época, a campanha para eleição do governador estava em andamento, com Maluf contra Fleury, candidato do PMDB à sucessão de Quércia. Araldo fez questão de procurar Maluf, com quem já tinha um relacionamento antigo. Disse que, como o adversário na eleição era do Ministério Público, Maluf poderia procurá-lo caso considerasse que algum promotor estivesse demonstrando parcialidade para tentar prejudicá-lo.

Depois de sair atrás nas pesquisas, Fleury virou e, para surpresa de muitos, venceu a eleição. O antigo companheiro de Araldo e defensor das causas do Ministério Público tornava-se, assim, governador do Estado de São Paulo.

Araldo teve o nome incluído na lista tríplice e foi nomeado Procurador-Geral de Justiça de São Paulo. Seria um mandato de dois anos, em sucessão a Claudio Ferraz de Alvarenga. Como havia acabado de assumir o segundo mandato frente à Conamp, Araldo entregou o cargo ao primeiro vice-presidente, Paulo Moura, do Sergipe. No discurso de posse como Procurador-Geral, ele ressaltou a importância das conquistas decorrentes da nova Constituição:

> Se analisarmos a História do Brasil, sob certo aspecto, facilmente podemos concluir que os mecanismos sociais de efetivo controle da atuação dos poderosos e do aparelho de Estado sempre foram sonegados. Sempre se engendrou um sistema formalmente perfeito, mas substancialmente imprestável. A dimensão da fatalidade sufocando a dimensão da liberdade.
>
> Sob esse mesmo aspecto, a Constituição de 1988 representa formidável avanço no sentido de romper esse círculo vicioso. Não há dúvida de que, ao lado de outras instituições, a Constituição de 88 fez do Ministério Público uma poderosa alavanca destinada a abrir esse sistema.
>
> A defesa do regime democrático consiste exatamente nisso: o Ministério Público precisa exercer sua dimensão de liberdade para preservar a cidadania, a dignidade da pessoa humana, os valores sociais do trabalho e da livre-iniciativa e o pluralismo político contra quem

> quer que seja, pois esses são os fundamentos do nosso Estado Democrático de Direito, como enfaticamente proclama o artigo 1º da Constituição Federal. É o que precisamos ser: operários da liberdade.

Araldo deixou o comando da Conamp ao tornar-se Procurador-Geral de Justiça do Estado de São Paulo, mas acumulou o exercício do cargo com várias outras atividades, a exemplo da presidência do Colégio de Procuradores de Justiça (1990-1992) e da Comissão de Ingresso à Carreira do Ministério Público (1990-1994).

O novo cargo envolveu adaptações na rotina familiar, como a necessidade de segurança e escolta para Stela e os filhos. Naquele mesmo ano de 1990, o afilhado do casal, Frederico, o Fred, foi morar com eles. Quando Fred nasceu, em dezembro de 1971, Araldo e Stela eram recém-casados. Filho de Elvina, irmã de Stela, ele também se tornaria promotor de Justiça. A ideia de colocá-lo sob a tutela de Araldo surgiu depois que o rapaz não estava demonstrando muito entusiasmo com o primeiro ano do curso de Direito em São José dos Campos. Araldo recomendou a transferência para São Paulo e sugeriu que Fred viesse morar com os tios.

Fred permaneceu lá não apenas durante os quatro anos da faculdade, mas também por outros três anos além disso – até ser aprovado para o concurso do Ministério Público e partir para a carreira no interior. "Ele é como um segundo pai. Sei que muitas vezes essa expressão é usada à toa, mas nesse caso é a pura verdade", diz o afilhado de Araldo e Stela.

Araldo sempre adotou o princípio de que o final de semana era sagrado para ficar com a família. Só abriu mão disso quando era realmente inevitável, como nos períodos mais exaustivos da Constituinte. Nos momentos ao lado de Stela e dos filhos, a dedicação era total. Muitas vezes, os finais de semana eram passados em Tietê, onde ele assumia o fogão, ensinava as crianças a nadar, organizava brincadeiras. Aproveitava para relaxar de tantas preocupações e tantos afazeres.

Participativo nos estudos dos filhos, ajudava-os a entender as lições e, a exemplo do que o tio Zé Carlos fizera com ele muitos anos antes, adorava discorrer sobre História ou outras matérias. Nunca exigiu das crianças, contudo, um desempenho escolar fantástico. Lembrava bem da pressão que a mãe havia exercido sobre ele nesse sentido e não gostaria que os filhos sentissem algo parecido.

Sempre presente em Tietê, Araldo foi gradualmente reformando e ampliando a casa dos pais, incluindo a construção de uma piscina. Além dos próprios amigos, ele costumava levar amigos dos filhos para os finais de semana – muito dos quais mantêm o vínculo até hoje, chamando Araldo e Stela de tios.

Os custos práticos da casa sempre cheia de convidados eram altíssimos, mas Araldo não se importava. Ele nunca foi muito dedicado à gestão financeira e não passava orientações a respeito para os filhos. Stela também não se preocupava com o assunto. Preferia confiar que Nossa Senhora de Lourdes ajudaria quando necessário.

Augusto só percebeu que não sabia nada de gestão financeira, e se deu conta do caos familiar nesse sentido, quando se casou com Gabriela. Ela é filha de Sérgio Bresser-Pereira e sobrinha de Luís Carlos Bresser-Pereira, ícones da economia brasileira. “No início da relação, as diferenças de visão que tínhamos nesse tema exigiu um certo choque de realidade para mim e principalmente para ela", brinca Augusto.

Os dois começaram a namorar muito jovens. Ela conta que foi acolhida na família desde o início. "Meu sogro sempre foi carinhoso, com um espírito de inclusão bem aflorado", diz Gabriela sobre Araldo. Em relação à gestão financeira dos Dal Pozzo, ela admite que não foi fácil a adaptação, mas ressalta que, graças ao convívio com a família do marido, aprendeu a ser mais flexível e menos preocupada com o futuro. "Há um meio-termo ideal, e acho que, juntos, conseguimos nos aproximar dele."

A família era um refúgio para Araldo, pois o cotidiano como procurador-geral era tenso. Envolvia lidar com denúncias constantes, que chegavam quase sempre por conta de pendengas políticas nos municípios. Entre vários outros casos, ele lidou com acusações contra o prefeito de Caraguatatuba, José Bourabeby, pelo suposto não pagamento de direitos aos servidores do município; contra a prefeita de Santos, Telma de Souza, acusada de contratação de advogado sem concorrência; e contra o prefeito de Marília, Domingos Alcalde, denunciado por extorsão contra fazendeiros locais.

Na capital, houve celeuma em torno da reforma do autódromo de Interlagos, que teria sido feita sem licitação pela gestão da prefeita Luiza Erundina, e uma grande controvérsia em torno da suspensão do aumento das alíquotas do Imposto Predial e Territorial Urbano (IPTU) na capital, a partir de uma liminar concedida em resposta a uma Ação Direta de Inconstitucionalidade (ADIn) proposta por Araldo. O presidente nacional do Partido dos Trabalhadores (PT) e futuro presidente da República, Luiz Inácio Lula da Silva, disse que havia "perseguição ideológica" contra a gestão de Erundina.

O fato de Araldo ter uma ligação antiga com Fleury foi muitas vezes evocado como suposta razão para ele proteger o governo do antigo parceiro ou de Orestes Quércia, também do PMDB. Em 1991, no entanto, Araldo determinou a investigação de cinco casos envolvendo a gestão de Quércia, que havia deixado o cargo no início daquele mesmo ano, substituído por Fleury.

Durante o período como Procurador-Geral, Araldo não esqueceu a preocupação de aprimorar o sistema jurídico. Com esse objetivo, fez uma viagem oficial ao Japão. Estava especialmente interessado em conhecer os aparatos técnicos da Polícia Metropolitana de Tóquio, que poderiam ser eventualmente trazidos para São Paulo, especialmente no que dizia respeito à produção de provas criminais.

Ao chegar em Tóquio, acompanhado por um assessor e um intérprete, Araldo foi recepcionado por um burocrata local, que forneceu um roteiro com a programação planejada. Araldo percebeu que o roteiro era composto exclusivamente por pontos turísticos. Contrariado, pediu um encontro com o responsável pela organização da viagem. Disse que não havia cruzado o planeta para fazer turismo às custas do seu governo. Tratava-se de uma viagem de trabalho, com objetivos claros, que ele havia informado ao encaminhar o pedido de visita oficial.

O japonês ficou surpreso, já que aquele programa era apresentado com frequência aos brasileiros em missões oficiais, sem qualquer contestação. Ele se propôs a reorganizar a programação, contemplando tudo o que havia sido solicitado. Pediu um dia de prazo, que Araldo aproveitou para conhecer Kyoto.

De volta a Tóquio, ele teve a oportunidade de visitar o laboratório da polícia técnica – que, de fato, estava anos-luz à frente do que se praticava no Brasil. Foi convidado a fazer uma palestra sobre o sistema judiciário brasileiro na Universidade de Tóquio, onde também ouviu palestras a respeito da organização judiciária do Japão. Achou interessante o fato de que os jovens magistrados japoneses partiam para um estágio de seis meses em alguma comarca, com salário reduzido, e depois voltavam à escola para mais seis meses de curso, para só depois dar sequência à carreira.

O Procurador-Geral agendou uma reunião com empresários japoneses da agroindústria. Alinhou um excelente acordo: o setor se propôs a conceder US$ 5 milhões em financiamentos a fundo perdido para a aquisição de computadores para todas as comarcas paulistas, em troca de informações detalhadas sobre as necessidades de implementos agrícolas em cada região do Estado de São Paulo.

Na volta ao Brasil, Araldo desenhou um projeto para materializar esse acordo e enviou a proposta ao Itamaraty, por onde a parceria teria que ser oficializada. Passaram-se meses sem notícias a respeito, até que, ao buscar informações sobre o trâmite, o Procurador-Geral descobriu extraoficialmente que a ideia jamais seria levada adiante, pelo simples fato de não ter nascido dentro do Itamaraty.

A trajetória de Araldo continuava vez ou outra se cruzando com a do também tieteense Michel Temer. Uma interessante coincidência foi a nomeação de Temer para a Procuradoria-Geral do Estado de São Paulo, em 1991, quando Araldo era o Procurador-Geral de Justiça, o que confundiu a pequena Tietê: estaria Temer assumindo o cargo até então ocupado pelo conterrâneo? Araldo chegou a escrever um artigo no jornal local para esclarecer a situação e explicar que Michel Temer estava à frente dos advogados (procuradores) do Estado, enquanto ele continuava chefiando o Ministério Público.

Araldo passou a fazer reuniões com a equipe para colocar em prática, no Estado de São Paulo, as premissas da Constituição. Ele resolveu que faria um pronunciamento à classe, com o objetivo de explicar as mudanças sobre as quais vinha pensando.

Depois de se preparar cuidadosamente durante os dez primeiros meses do mandato, a reunião com todo o Ministério Público de São Paulo foi marcada para 20 de outubro de 1990, no Memorial da América Latina. Araldo não adiantou o tema ao fazer o convite, mas informou que seriam discussões fundamentais para a instituição e a carreira de todos.

A credibilidade do Procurador-Geral era tão grande que 1.214 membros do Ministério Público compareceram – todos que compunham o quadro, com exceção de 48 que estavam licenciados por problemas de saúde ou em viagens de férias. Quando ele começou a falar, apresentou suas propostas de modificações na estrutura e na forma de atuação do Ministério Público. Afirmou que:

> Quando me propus a disputar uma vaga na lista tríplice que poderia me levar ao cargo de Procurador-Geral de Justiça, assumi, perante mim mesmo, perante meus pares e meus colegas de Ministério Público, a responsabilidade e o compromisso de conduzir o processo de intensas reformas que se fazem urgentes para que

possamos viver o nosso futuro de acordo com o destino que nós mesmos escolhemos. (...)

Se o futuro que desejamos não cabe dentro de nossa estrutura, de nossa organização, de nosso sistema, o sintoma é claro – não há mesmo como aperfeiçoá-los, pois está criado o eterno círculo vicioso que deteriora e mata a ideia, impedindo-nos de efetivamente transformar a realidade. Os que não desejam que o Ministério Público realize seu destino, apostam justamente nisso – na nossa tentativa de aperfeiçoamento do velho sistema, da velha estrutura. Mas o velho sistema e a velha estrutura já se esgotaram. (...)

A Constituição de 1988, sem dúvida a mais democrática que jamais tivemos, apreendeu, com muita clareza, a fundamental questão das liberdades individuais, num país de terceiro mundo da América Latina. A liberdade do cidadão – entendida a expressão no seu sentido mais amplo, como fundamento primeiro da democracia e do Estado de Direito – tem sido extremamente frágil e tênue diante de um Poder Político onipresente e onipotente, historicamente aliado ou confundido com os detentores do poder econômico. (...)

A sabedoria da Constituição de 88, neste ponto, consistiu em conceber o Ministério Público como um dos mecanismos inibidores das violações dessa liberdade. O Ministério Público é um braço armado da sociedade contra o Estado, inserido dentro do próprio aparelho estatal. O Ministério Público não é um instrumento a serviço do Estado contra o cidadão – mas um órgão autônomo e independente do Estado, representando a sociedade, em defesa do cidadão.

Araldo defendeu uma ampla reforma no Ministério Público para a integração entre promotores, adequação à Constituição e aproximação com a comunidade. Abordou questões como a necessidade de adaptar as provas do concurso de ingresso à vivência institucional nos primeiros anos de trabalho. Abordou problemas estruturais, como aquele que chamou de "comprometimento da autonomia do promotor", processo que ironicamente ia tirando a autonomia do promotor à medida que ele ascendia na carreira:

> Assim, o Promotor de uma pequena cidade é o que poderíamos chamar de "Promotor pleno". Sua autonomia institucional é ampla. O contato direto com os problemas da comunidade estimula sua criatividade institucional. Sua presença é sentida e notada. Há, quase sempre, maior entrosamento com as autoridades locais.
>
> Esse mesmo Promotor estará muito diferente quando do exercício de suas funções na Capital. Neste estágio de sua vida institucional, os mecanismos que amarram o Promotor se tornam muito evidentes e sensíveis. Ocorre um verdadeiro engessamento de sua autonomia.

Seguindo o raciocínio, Araldo lembrou que um "bom promotor" na capital seria aquele "que comparece ao Fórum todos os dias, realiza audiências, faz um trabalho de pelo menos razoável nível técnico e, se conseguir ser referido num Acórdão, estará consagrado definitivamente". Ele foi enfático ao afirmar que essas práticas empurravam o promotor para a burocratização, "preocupado apenas com o cumprimento formal e legal de suas atribuições, sem nenhum compromisso efetivo com a realidade subjacente".

Aplaudida com entusiasmo, a palestra foi compilada em um material impresso publicado pela Associação Paulista do

Ministério Público. Renato Martins Costa, então presidente da instituição, afirmou na apresentação do opúsculo:

> Foram a determinação, a capacidade de organização, a inteligência, a corajosa vontade política, mas sobretudo o amor à instituição que reconhecemos em nosso Procurador-Geral, que permitiram a Araldo, após centenas de conversas com os mais diversos membros de nosso Ministério Público e incontáveis reuniões com seu grupo de assessoria, formular a síntese magistral, que dentro do processo de amadurecimento de nossa instituição, a projetará rumo à ideia-síntese da modernidade: a eficiência.

Araldo pediu ao governador Fleury que assinasse junto com ele a mensagem do projeto de Lei Orgânica Estadual, enviado à Assembleia e aprovado. Com isso, teve condições de partir para outras realizações, num campo mais concreto. Ainda quando Cláudio Alvarenga era o Procurador-Geral, havia sido comprado um prédio, na Rua Líbero Badaró, para o Ministério Público. Araldo assumiu o projeto de mobiliar o prédio e de adquirir os equipamentos necessários. Agora, finalmente, a instituição tinha uma sede.

Até então, o orçamento do Ministério Público paulista era feito no "chutômetro" – apenas colocava-se 10% a mais de um ano para o outro. Um especialista foi contratado especificamente para dar aulas de orçamento e, com isso, tornou-se possível aprovar uma previsão mais generosa, construída praticamente a partir do zero, e não mais como uma simples atualização superficial da versão anterior. A proposta orçamentária então formulada por Araldo foi de US$ 142 milhões, 103% maior que a anterior.

Com esse dinheiro extra, foi possível realizar várias melhorias materiais que a instituição precisava, a exemplo de oferecer estrutura adequada às promotorias, incluindo telefone, geladeira, café e ar-condicionado. Foram criadas as sedes das Regiões Administrativas do Ministério Público em São José do Rio Preto, Ribeirão Preto, Presidente Prudente, Bauru, Sorocaba, Campinas, Taubaté, Osasco, Santo André e Santos. Essas novas sedes se encarregariam de dar suporte aos promotores, inclusive distribuindo material a todos, que agora não mais precisavam se deslocar para São Paulo. O plano de construir sedes próprias do Ministério Público em cada região foi iniciado por Ribeirão Preto.

Uma das principais mudanças propostas por Araldo foi a adoção do conceito de Promotoria de Justiça. Até então, se a comarca contasse com vários promotores de justiça, cada gabinete era visto como uma Promotoria de Justiça, sem qualquer ligação entre elas, que funcionavam como mundos isolados: cada uma recebia os processos de sua atribuição e seguia em frente, sem que os promotores trocassem informações entre si.

Não havia uma entidade administrativa que congregasse os promotores de uma mesma área, o que permitiria um trabalho mais abrangente, com base numa visão sistemática da sociedade. O conceito de Promotoria de Justiça era justamente o de criar essa unidade administrativa, à qual pertenceriam todos os promotores da mesma área, para que trocassem ideias e formulassem políticas públicas para reparar o que, na vida real, causava o processo. Tratava-se de entender cada processo como sintoma de que algo não estava bem na sociedade.

Pode-se dizer que, até então, a promotoria era o próprio promotor de justiça. Um órgão unipessoal e de execução. Em cada comarca, havia tantas promotorias quantos fossem os promotores. Nesse conceito ultrapassado, a promotoria tinha as atribuições definidas pela competência do juiz de direito perante o qual oficiava o promotor. Um dos efeitos dessa lógica era que os cargos de promotores eram criados à medida que o Poder Judiciário criava cargos de juízes. Assim, o Ministério Público se via obrigado a crescer à sombra e à semelhança da magistratura.

A ideia era acabar com o promotor isolado, que trabalhava como ilha, para torná-lo membro de um ente colegiado: a Promotoria de Justiça. Especializadas em temas, como infância, meio ambiente e cidadania, as novas Promotorias de Justiça, implantadas a partir de 1991, seriam uma aposta na especialização como caminho para aumentar a eficiência. "Uma reformulação abrangente do Ministério Público visando maior integração entre os promotores, para que se adequem à nova realidade prevista na Constituição, de forma que a instituição se aproxime mais da comunidade", explicava Araldo à imprensa.

O mesmo ocorria com a atuação dos procuradores de justiça, encarregados de dar pareceres em segunda instância. Araldo sempre considerou que apenas realizar essa atividade não representava uma real atuação ministerial. Era quase que uma inutilidade, uma etapa a mais que poderia ser dispensada.

As Procuradorias de Justiça foram concebidas como unidades administrativas que congregavam os procuradores de certa área, os quais deveriam analisar as falhas cometidas pelos promotores nos processos de primeira instância e propor soluções. Por exemplo: verificar as razões de os promotores não estarem produzindo boas provas, bem realizadas tecnicamente, ou de insistirem em teses vencidas. A Procuradoria, enfim, era o grande filtro pelo qual passavam as atuações de todos os membros do Ministério Público e que deveriam ser objeto de análise.

O objetivo central das propostas de mudanças era evitar que a Justiça permanecesse "enxugando gelo", sem combater os problemas na raiz. O tráfico de drogas, por exemplo, exigia uma estratégia conjunta, pois se tratava de um problema comum a todas as comarcas. Assim, o Ministério Público deveria atuar não apenas de forma reativa, mas também de forma preditiva e preventiva.

A mesma lógica poderia ser aplicada a várias situações: cuidar do rio antes de ser poluído, e não apenas punir quem poluiu; evitar furtos e assaltos com uma estratégia de vigilância baseada nos dados sobre os locais de maior risco, e não apenas sair em busca dos criminosos para puni-los; identificar atitudes abusivas contra o consumidor e atuar para coibir o prejuízo coletivo; tomar providências para reduzir o risco em um cruzamento com alta incidência de acidentes, e não apenas atuar de forma isolada em resposta a cada caso.

Dentro da lógica de especialização, o promotor Luís Daniel Pereira Cintra tornou-se promotor do consumidor na capital e passou a ocupar um cargo na coordenação do Centro de Defesa do Consumidor. Nesse cargo, prestava auxílio à coordenação da Promotoria do Consumidor do Estado, que acabaria assumindo por indicação de Araldo. Lembra Cintra:

> Direito do consumidor era um assunto novo. Em vez de uma atuação mais genérica, passamos a ter a oportunidade de aprender muito sobre uma área específica, o que certamente contribuiu para melhorar o nosso desempenho.

A aproximação com Araldo fez com que descobrissem mais um grande interesse em comum, fora do trabalho: Cintra tornou-se mais um integrante da turma da pescaria.

Na área criminal, o município de São Paulo foi dividido em seis promotorias, cada uma com determinado número de promotores, limitados a uma região da cidade. Com isso, passavam a conhecer melhor a área em que atuavam e criavam um relacionamento com os comandantes da polícia da região. Nas comarcas do interior, foram instituídas uma Promotoria de Justiça Criminal e uma de Justiça Cível. Em cidades menores, foi instalada uma Promotoria de Justiça cumulativa.

Caberia a cada Promotoria de Justiça definir os critérios de divisão e de redistribuição das funções institucionais entre os promotores, dando-lhes atribuições como: estabelecer o programa de atuação, apresentar sugestões para a elaboração do plano geral e regional, elaborar escala de férias, fixar a data da reunião mensal da Promotoria e estabelecer o número de estagiários.

Era preciso devolver aos membros do Ministério Público um nível maior de entusiasmo, criatividade e autonomia institucional, com o consequente afastamento da sensação de um dever que se cumpria apenas burocraticamente. Araldo correu o Estado para explicar os benefícios das mudanças que estava propondo:

> Eu dizia que o Ministério Público precisava ter suas ideias de realização. Se você for apenas um funcionário para resolver um processo e pronto, uma questão meramente burocrática, qual a diferença entre o que você faz e o que faz o funcionário de um banco? Para ser uma instituição de verdade, é preciso ter uma ideia a realizar, uma política pública, que só poderia ser estabelecida atacando-se a origem dos problemas.

Não houve resistência declarada, mas Araldo percebia o quanto era difícil sair da rotina para a maior parte dos profissionais envolvidos nos mecanismos consolidados do Ministério Público. Falava-se, também, que as mudanças representariam trabalho extra, o que não era verdade.

Com o tempo, a nova visão mudaria o Ministério Público brasileiro, já que o de São Paulo sempre foi protagonista e referência. Mario Sarrubbo, que três décadas depois viria a se tornar o Procurador-Geral de Justiça do Estado de São Paulo, lembra-se bem de como essas inovações mudaram o cotidiano do trabalho e aprimoraram os resultados.

Ele era um jovem promotor em Araçatuba e trabalhava isolado, sozinho em uma sala, apenas com o juiz. Não tinha ideia do que acontecia com o promotor e o juiz na sala ao lado. Quando foi criada a Promotoria Criminal na cidade, para discutir causas e ações sistêmicas, a postura mudou completamente. Em vez de simplesmente reagir aos casos tratados isoladamente, a atuação dos promotores ganhou um perfil bem mais estratégico, que levava em conta o fato de que a criminalidade tinha causas estruturais. Junto com a definição de planos de atuação de caráter preventivo, a equipe passou a ser reforçada com a chegada de servidores. Assim Sarrubbo descreve aquele momento:

> Era um novo papel que estava sendo esperado de nós, promotores. Não apenas receber denúncias e fazer processos. Tínhamos que olhar para a criminalidade na cidade, entender as causas e os possíveis pontos de ação para tomar providências estruturais. Um Ministério Público muito mais ativo e propositivo, que faz intervenções nas políticas públicas. Essa foi a grande transformação da instituição naquele período, com reflexos em toda a sociedade brasileira.

O Ministério Público de São Paulo começou a implantar certas autonomias que a lei permitia, inclusive como unidade orçamentária. Além de elaborar o próprio orçamento, passou a realizar suas despesas sem ingerência de Secretarias de Estado. Tornou-se possível, também, efetivar compras e licitações sem a supervisão dos órgãos estatais encarregados de controlar aquisições de bens e serviços considerados estratégicos.

Antes da Constituição, sempre surgiam empecilhos que colocavam em xeque a autonomia e a independência do Ministério Público. Atos como aposentadorias, concessões de vantagens por tempo de serviço, deferimento de indenizações por férias e licença-prêmio, entre outros, estavam sujeitos aos controles das Secretarias da Fazenda e da Justiça. Depois da Constituição, a folha de pagamento da instituição, até então produzida pela Secretaria da Fazenda, foi internalizada.

Em 1992, Araldo assumiu o segundo mandato como Procurador-Geral, confirmado pelo governador Fleury depois de ter sido o nome mais votado da lista tríplice, com larga folga – recebeu 163 dos 195 votos, 83,5% do total. Com a nova nomeação, voltou a ser presidente do Conselho Superior do Ministério Público e do Colégio de Procuradores de Justiça, cargos natos do Procurador-Geral. No discurso de posse do novo mandato, Araldo fez uma retrospectiva das "profundas reformas que se introduziram no Ministério Público durante os dois anos que se passaram":

> A instituição ganhou uma nova organização administrativa e uma nova metodologia de trabalho. Passamos a ter uma vontade institucional, que se expressa no Plano Geral de Atuação do Ministério Público, consubstanciando a sua política pública de metas e prioridades.
>
> Os Centros de Apoio Operacional – antigas Coordenadorias – tornaram-se organismos de planejamento setorial, intensificando pesquisas especializadas, coordenando e repassando experiências funcionais. As Procuradorias e Promotorias de Justiça desburocratizaram o exercício ministerial. Tornaram a atividade de execução mais ágil, mais flexível, sem qualquer sacrifício da independência funcional. Aliás, pelo contrário, revalorizaram a autonomia dos Procuradores e dos Promotores de Justiça.
>
> Tornou-se possível, dessa maneira, a definitiva aproximação do Ministério Público com a comunidade e a real defesa de seus interesses substanciais. É uma nova postura que diverge, e muito, da tradicional e formal atuação dentro dos autos.
>
> Criou-se a ideia do Ministério Público preventivo. Durante anos a fio nos acostumamos a ver os processos judiciais como se tivessem vida própria. Como se fossem entidades que nascem, vivem e morrem nos confins dos Fóruns. Aprendemos que, ao contrário, eles são um sintoma concreto de uma sociedade em conflito. E

que muitas vezes é possível remover a causa do conflito. Verificamos que tal como acontece na Medicina, não adianta apenas curar o doente: é preciso combater o foco da epidemia.

Empossado pelo governador Fleury para o segundo mandato como Procurador-Geral

Como sempre fazia em seus discursos mais importantes, Araldo lembrou de Tietê, dos pais, de Stela e dos filhos. O homem público nunca se distanciou do marido, pai e filho:

> É o que me leva a um passado mais distante, até o velho sobrado do antigo Páteo do Mercado, lá na minha Tietê de outrora, onde meus pais – que graças a Deus estão aqui comigo neste instante – começaram a me ensinar lições de amor, com seu exemplo de vida. Muito obrigado, meus queridos.
>
> É o doce e suave caminho que me leva até você, Stela, e aos olhos dos nossos filhos que, de tanto olhar para a

> minha ausência constante, brilham ainda mais quando podemos, juntos, repartir alguns momentos de nossa vida. Somente vocês conseguem quebrar a radical solidão de minha vida – que assim é a vida humana de cada qual – para que eu a possa vivê-la com vocês.

Como todo ser humano, Araldo nunca esteve isento de vaidades e do sentimento de satisfação proporcionado pelas pequenas "vinganças" que o passar dos anos pode proporcionar. Certa ocasião, ele estava no Palácio dos Bandeirantes, como Procurador-Geral, quando cruzou com um grupo de mulheres. Ele as reconheceu como colegas da época da faculdade que o esnobavam por conta da origem simples. Seguiu reto, mas uma delas perguntou:

– Não nos reconhece mais?

Ele olhou para elas como se estivesse fazendo um esforço de memória e respondeu que não, não as reconhecia.

– Somos suas colegas de faculdade!

– Desculpe, não me lembro de vocês. – E continuou caminhando.

Um dos objetivos de Araldo para o segundo mandato como Procurador-Geral era estimular a discussão sobre a legislação penal. Para ele, as leis vigentes não conseguiam resolver os problemas estruturais da sociedade brasileira e, por isso, haviam caído em "absoluto descrédito". Uma das providências que sugeria era rever as punições a certos crimes ou mesmo retirar determinados atos da lista de crimes – mendigar, por exemplo, ainda era considerado crime pela legislação.

Outra questão que incomodava Araldo eram as distorções decorrentes de leis pensadas em momentos diferentes e com critérios diferentes. "Ao matar um tatu, uma pessoa vai para a cadeia e pode responder ao processo presa. Se matar um ser humano, porém, a pessoa pode responder ao processo em liberdade", ele exemplificou, em entrevista a um jornal.

Infelizmente, não haveria ambiente e tempo para esse tipo de discussão mais estrutural e filosófica durante o exercício do cargo de Procurador-Geral. As polêmicas e urgências se sucediam, impedindo qualquer planejamento ou ação pensando no longo prazo.

Uma das grandes polêmicas desse período foram as denúncias de irregularidades cometidas no governo de Orestes Quércia, encerrado dois anos antes – especialmente durante o processo de privatização da Vasp, a companhia aérea do estado de São Paulo, e na importação de equipamentos eletrônicos de Israel.

As denúncias, envolvendo superfaturamento e evasão de divisas, foram encaminhadas à Procuradoria-Geral de Justiça pela Ordem dos Advogados do Brasil (OAB) e pela Associação Brasileira de Imprensa (ABI), que estavam empoderadas depois da atuação destacada no processo de *impeachment* do presidente Fernando Collor.

As duas instituições pediram ao Ministério Público estadual a abertura de um inquérito civil que resultasse na anulação de todo o processo de privatização da Vasp, sob a alegação de que o estado de São Paulo havia perdido muito dinheiro com o negócio. Havia também o pedido de quebra do sigilo bancário de todos os envolvidos – incluindo Quércia, que até aquele momento vinha conseguindo barrar iniciativas nesse sentido na CPI da Vasp, instaurada na Assembleia Legislativa.

Araldo mandou tudo ser investigado e, ao final dos inquéritos, não foram encontradas provas de irregularidades.

Ele era frequentemente citado em parte da mídia como alguém que protegia os amigos – incluindo Fleury, em quem as denúncias também respingavam. O jornal *O Estado de S. Paulo*, em especial, estava em meio a uma cruzada contra Quércia. Araldo chegou a marcar uma conversa com os diretores do jornal para dizer que as ilações feitas estavam sendo maldosas e se colocou à disposição para receber um grupo de jornalistas e mostrar detalhes de todos os processos. Ouviu, como resposta, que era muito difícil controlar os jornalistas de uma redação.

A pressão era permanente. Certo dia, Araldo foi chamado à Assembleia Legislativa para prestar depoimento sobre as investigações. José Dirceu, então deputado pelo PT, fez uma série de perguntas sobre o caso de Israel, às quais Araldo respondeu pacientemente. Depois de muito tempo em questões insistentes e repetitivas, o procurador-geral disse ao deputado: "Olha, eu não tenho elementos para processar o Quércia, mas, se o senhor os tiver, faça isso. É só entrar com uma ação popular. Não paga nada". A inquisição acabou ali.

Quando a conjuntura já estava um tanto caótica, outra bomba explodiu: o Massacre do Carandiru. É o nome pelo qual ficou conhecida a invasão pela polícia da Casa de Detenção, em resposta a uma rebelião em 2 de outubro de 1992, sexta-feira, que resultou na morte de 111 detentos.

Araldo havia tirado alguns dias de férias para pescar no Pantanal. Estava num ponto isolado, sem contato por telefone e sem televisão. Na segunda-feira, percebeu uma lancha se aproximando a toda velocidade. Já imaginou que era uma questão urgente. Entregaram a ele uma mensagem escrita pelo colega Renato Martins Costa, então secretário do

Governo Fleury, descrevendo as 111 mortes no Carandiru e revelando sua preocupação com a ameaça de destituição de Pedro Franco de Campos da Secretaria da Segurança.

Araldo arrumou a tralha de pesca e partiu imediatamente. Usou um avião emprestado para chegar até Campo Grande (MS) e, de lá, fez outras conexões que lhe permitiram desembarcar em São Paulo apenas quatro horas depois de receber a mensagem.

Havia uma forte pressão para que o caso fosse investigado em âmbito federal. Araldo convocou uma coletiva de imprensa para afirmar que era um caso da Justiça Estadual, que ele iria liderar as investigações e que não admitiria interferências. Anunciou a abertura de um inquérito civil para apurar o massacre. Teve o cuidado de constituir uma comissão de procuradores de Justiça para conduzir o inquérito, designando vários procuradores, incluindo alguns que não se alinhavam politicamente com ele, para assegurar a imparcialidade das decisões.

Tudo isso ocorreu numa reunião extraordinária do Colégio de Procuradores. Araldo determinou que a comissão de procuradores ouviria testemunhas e faria todas as investigações necessárias. Onze procuradores foram nomeados para a comissão. Mais de 500 pessoas seriam ouvidas ao longo dos trabalhos.

A comissão chegou à conclusão de que não havia qualquer elemento de culpa ou dolo por parte do secretário Pedro Franco de Campos. Ele estava em Sorocaba quando tudo aconteceu. Recebeu um telefonema do coronel Ubiratan, o comandante da operação, que descreveu a revolta dos detentos. O secretário disse ao coronel que fizesse o que fosse necessário, pois não tinha condições de dar ordens específicas à distância.

A decisão de inocentar o secretário foi unânime entre os procuradores da comissão. Com base nisso, Araldo arquivou o caso, pois o Procurador-Geral seria a única autoridade que poderia processar criminalmente um secretário de Estado. O arquivamento do processo não interferiu no processo de reparação aos danos sofridos pelos parentes dos detentos. Mesmo inocentado, no entanto, Campos ficaria irremediavelmente marcado pelo episódio. E Araldo recebeu, mais uma vez, críticas sobre sua suposta falta de isenção à frente do cargo.

"Araldo fez o que precisava fazer, com a isenção necessária. Tínhamos uma excelente relação, mas ele soube separar as coisas", diz Campos. Os dois se conheceram em 1977, quando Campos ingressou no Ministério Público, aos 23 anos, e Araldo era um dos assessores do Procurador-Geral. "Araldo foi a primeira pessoa que me recebeu na instituição, que ainda era bem pequena e estava sediada no 15º andar do Fórum João Mendes", lembra Campos.

Entre os pontos de afinidade entre os dois, estava o fato de ambos virem do interior – Araldo de Tietê e Campos de Mogi--Mirim. Quando ia tirar as primeiras férias, Campos programou uma viagem de cruzeiro pelas costas brasileiras. "Araldo brincou comigo, dizendo que eu voltaria casado dessa viagem. E acertou. Foi nela que conheci a minha futura esposa."

Quando Araldo passou a arquitetar o plano de modernização do Ministério Público de São Paulo, Campos foi convidado a integrar o grupo – era um dos mais jovens, com oito anos a menos que Araldo. Daí em diante, os dois permaneceram como companheiros políticos na instituição. Mesmo com todo esse histórico, Araldo tomou as providências necessárias quando aconteceu o episódio do Carandiru, como descreve Campos:

> Tivemos uma conversa olho no olho e ele me disse: "Pedro, vou constituir uma comissão de promotores e vou colocar lá pessoas que você não vai gostar. E vamos investigar tudo o que precisa ser investigado". Respondi que não tinha receio de nenhum tipo de investigação. Ao contrário, seria bom para mim, pois eu estava com a consciência totalmente tranquila.

Em meio ao clima de efervescência política, as resistências à atuação de Araldo se intensificaram. Ele passou a ser frequentemente acusado de ceder às pressões de Quércia e Fleury. Concedeu uma longa entrevista a respeito para a *Folha de S.Paulo*, publicada na edição de 9 de novembro de 1992. A primeira pergunta pedia exemplos de ações tomadas pelo Ministério Público estadual que tivessem causado embaraços ao governador Fleury e a Quércia. Araldo respondeu sem dificuldades:

> Nós propusemos ação de enriquecimento ilícito contra Sérgio Lorena (diretor da Eletropaulo que usava automóvel de uma empreiteira). Propusemos ação civil e criminal contra o Alfredinho (Alfredo de Almeida Júnior, ex-diretor da Eletropaulo e Sabesp). Nós pedimos prisão preventiva contra o Antonio Sérgio Fernandes (ex-presidente do Metrô), cancelada pelo STJ. Todas as vezes que, por antecipação, disseram que iríamos abafar, que não aconteceria nada, no fim nós acabamos fazendo. O que não podemos é ter a pressa e o

> açodamento que às vezes a opinião pública pode exigir. Eu não posso agir sem as provas necessárias.

Menos de um mês depois, Araldo continuou prestando esclarecimentos públicos ao assinar um artigo no jornal *O Estado de S. Paulo*. Em resposta à acusação de que Fleury havia montado uma "República dos Promotores", ele lembrou que a participação de Promotores no Executivo não era novidade:

> Paulo Maluf contava com 20; Franco Montoro com 42; Orestes Quércia com 31; e, hoje, quando seria até natural um número maior (Luiz Antonio Fleury é do Ministério Público e, por não ser político de carreira, não contava com grande equipe), apenas 18 colegas da ativa estão no Executivo. Inexiste, pois, como querem certos comentários maldosos, uma "trama" criada no governo anterior para assegurar impunidades.

As resistências a Araldo eram provocadas, em grande parte, pela combinação entre o desconforto com as mudanças que ele estava implantando e algumas ações que se tornaram polêmicas. Uma delas foi o inciso IV do artigo 101 do anteprojeto da nova Lei Orgânica Estadual do Ministério Público, que Araldo encaminhou à Assembleia Legislativa depois da elaboração em conjunto com os assessores e consultas à classe.

O inciso previa a ampliação do poder do Procurador-Geral de Justiça de São Paulo, dando-lhe a atribuição exclusiva de promover a ação por ato de improbidade administrativa contra as altas autoridades do Estado: o Governador, o Prefeito da capital do Estado, os deputados estaduais, os diretores das estatais e os membros do Ministério Público e da Magistratura.

A justificativa para a mudança proposta – e aprovada pela Assembleia Legislativa – era a circunstância de ser o Procurador-Geral o único membro do Ministério Público que poderia perder o cargo por abuso de poder, já que está previsto o *impeachment* interno ou pela Assembleia Legislativa. Assim descreve Araldo:

> Se um promotor militante entrasse com um processo absurdo contra o governador, por mera motivação político-partidária, nada aconteceria para esse promotor. Grandes danos à imagem pública de uma autoridade poderiam ser causados dessa forma. A solução que encontramos foi dar a titularidade do inquérito civil e da ação civil pública ao Chefe da Instituição, sempre que envolvesse algum dos agentes políticos referidos no dispositivo citado, pois, se ele não agisse corretamente, poderia ser cassado.

Promotores e procuradores protestaram contra o que consideram esvaziamento do seu poder, já que deixariam de ter a possibilidade de propor na Justiça ações civis públicas nos casos de irregularidades e denúncias de corrupção envolvendo autoridades do Executivo, do Legislativo e do Judiciário, na instância municipal e estadual. Naquele momento em que havia nove casos de denúncias de irregularidades envolvendo os governos Fleury e Quércia, a questão foi classificada por parte da imprensa como um subterfúgio para aumentar o poder do Procurador-Geral e torná-lo apto a proteger o governador e outras autoridades. “Foi um período em que virei notícia constante, tanto pelo que fazia quanto pelo que não fazia", lembra Araldo.

A Lei Orgânica do Ministério Público Estadual, Lei Complementar nº 734/93, também conhecida como Lei Araldo, foi aprovada pela Assembleia Legislativa em 20 de outubro de 1993, com 45 votos a favor e 17 contra. Alguns pontos da lei seriam contestados por grupos de oposição interna, que representaram pela inconstitucionalidade ao Procurador-Geral da República – que, por sua vez, ingressou com a Ação Direta de Inconstitucionalidade (ADIn) perante o Supremo Tribunal Federal, pedindo a concessão de liminar.

Um dos artigos atacados era aquele que dava ao Procurador-Geral a atribuição de mover o inquérito civil e a ação civil em face das maiores autoridades estaduais. A oposição seguia argumentando que a norma visava a proteger o governador Fleury, motivando diversas reportagens na imprensa a respeito. Tudo isso contribuiu para que a liminar fosse concedida – o que causou a suspensão, desde a sua sanção, da eficácia da regra que dava ao Procurador-Geral a atribuição de mover as ações contra aquelas autoridades.

Somente em 2023, exatos 30 anos depois, a decisão de mérito foi finalmente tomada pelo Supremo Tribunal Federal (STF), que considerou a norma constitucional. O voto do relator, Ministro Luís Roberto Barroso, foi acolhido por unanimidade. Houve mesmo declaração de voto vencedor, proferido pelo Ministro Alexandre de Moraes. O STF entendeu que a norma não feria o princípio da independência funcional do Ministério Público, que se refere à instituição como um todo, e não a cada um de seus membros em particular, e que não se tratava de norma processual, mas administrativa.

Ao final daquele tumultuado ano de 1993, Araldo publicou um relatório com a síntese das reformas no Ministério Público de São Paulo. Lembrou que, com a promulgação da Constituição Federal de 1988, um novo Ministério Público havia nascido no país – e que a conjugação da realidade nacional com circunstâncias especiais do Estado de São Paulo produzira um efeito intenso no Ministério Público paulista:

> Transformou estes cinco anos, que normalmente seriam apenas um instante fugaz na história de uma instituição, numa espécie de concentração do tempo, onde tudo passou a acontecer com rapidez impressionante. (...)
>
> Em relação ao Ministério Público, a Constituição de 88 trazia tantas novidades que ele acabou tendo um perfil completamente diferente de todos os demais Ministérios Públicos conhecidos. Elevado praticamente ao nível de um Poder de Estado, isto é, dispondo de idêntica independência e autonomia, recebeu a função de exercer, com exclusividade, a ação penal pública e ainda ficou com a responsabilidade concorrente de defender a cidadania.
>
> O problema é que a instituição ainda não conseguira sequer resolver satisfatoriamente suas antigas questões. A nova ordem constitucional encontrava um Ministério Público desencantado com sua própria atuação na área da Justiça Criminal e extasiado com a defesa dos chamados direitos difusos: o meio ambiente, o consumidor ou, numa palavra, tudo quanto dissesse respeito à boa qualidade de vida.
>
> Vivia um verdadeiro paradoxo, pois acreditava ser possível consertar a ordem civil, embora tendo praticamente abandonado a ideia de melhorar a eficiência da repressão penal. Como se fosse possível esperar o espontâneo cumprimento de mandamentos civis por

> parte de uma sociedade que tinha consciência da impunidade penal.

Em dezembro de 1993, dois meses depois da aprovação pela Assembleia do controvertido projeto da nova Lei Orgânica do Ministério Público de São Paulo, Araldo sofreu uma derrota "dentro de casa". O grupo de oposição venceu a eleição para o Conselho Superior do Ministério Público, ao eleger seis dos 11 conselheiros e formar maioria.

Tratava-se de uma instância estratégica, responsável por elaborar as diretrizes do Ministério Público, definir promoções e dar a palavra final sobre o arquivamento de inquéritos civis, entre outras atribuições. Algumas decisões do Procurador-Geral, como a destituição de promotores encarregados de investigações politicamente delicadas, poderiam ser revistas pelo Conselho. Na votação, da qual participaram 1.364 promotores e procuradores, a oposição conseguiu eleger todos os seis candidatos que apresentou, consolidação da estratégia para tornar úteis e decisivos todos os votos do grupo de oposição.

Dez anos mais jovem que Araldo, Luiz Antônio Marrey era o líder do movimento oposicionista. Os dois se respeitavam muito, pois sempre disseram abertamente o que pensavam e nunca fizeram ataques pessoais. Marrey viria a ser Procurador-Geral de Justiça do Estado de São Paulo por três mandatos, além de Secretário estadual de Justiça.

Com a derrota na formação do Conselho Superior e a decepção no episódio envolvendo o primo, Araldo passou a não ver mais sentido em continuar no Ministério Público. Mesmo porque ele havia chegado ao auge como Procurador-Geral de

Justiça do Estado de São Paulo. Dali em diante, seu destino seria ficar apenas dando pareceres, cenário que certamente detestaria. Além do mais, estava em andamento uma mudança na legislação que, caso fosse efetivada, obrigaria Araldo a permanecer mais 15 anos até conseguir a aposentadoria.

Tudo isso o levou à decisão de deixar a instituição com a qual já havia contribuído por 25 anos. Pediu a aposentadoria, mas não para deixar de trabalhar, pois o ócio certamente não combinaria com ele. Queria apenas se sentir livre para seguir outros caminhos profissionais.

CAPÍTULO 3

HÁ VIDA ALÉM DO MINISTÉRIO PÚBLICO

Fleury anunciou uma grande reforma em seu secretariado para o início de 1994. Faltavam alguns dias para o encerramento do mandato de Araldo como Procurador-Geral. Recém-aposentado no Ministério Público, seu nome estava sendo especulado para assumir a Secretaria de Segurança Pública. Acabou, entretanto, sendo convidado para outra pasta, a de Administração e Modernização do Serviço Público.

Araldo aceitou o desafio, que representaria algo novo em sua trajetória. Nos primeiros tempos no cargo, até conseguiu encaminhar algumas questões, como o reajuste do vale-refeição do funcionalismo e um aumento salarial para professores primários. Em geral, no entanto, sentiu-se com as mãos atadas, com pouco poder para efetivamente mudar o que precisava ser mudado e melhorar o que precisava ser melhorado. Decidiu pedir exoneração depois de seis meses.

Como secretário estadual da Administração, recebendo lideranças do funcionalismo

A experiência seguinte foi também um tanto inusitada, mas ajudou Araldo a definir com mais clareza o tipo de trabalho que não gostaria de fazer. Ele foi procurado por José Antonio Barros Munhoz, antigo colega de faculdade que havia sido deputado, Secretário da Agricultura e Ministro da Agricultura. Estava agora se lançando como candidato a governador pelo PMDB, para a sucessão de Fleury.

Barros Munhoz convidou Araldo para ser o coordenador da campanha, e ele aceitou. Só que, depois de apenas 15 dias na função, procurou o antigo colega e pediu para deixar o cargo. "Não presto para isso. Acho que você precisa colocar um político nesse lugar", disse. Foi transferido para a equipe que estava desenvolvendo o plano de governo, onde ficou por mais dois meses, até decidir se afastar de vez. Barros Munhoz chegaria em terceiro lugar na eleição, vencida por Mário Covas.

Enquanto experimentava atividades profissionais diferentes daquelas que estava acostumado a exercer, Araldo costurava o plano de montar um escritório de advocacia. Durante um jantar na casa de Fleury, que já havia deixado de ser governador, ele compartilhou a ideia, que vinha amadurecendo. Cláudio Alvarenga, antecessor de Araldo como Procurador-Geral, estava presente e comentou que a filha dele, Maria Isabel, decidira deixar o escritório em que trabalhava com o plano de montar um escritório próprio. Quem sabe os dois poderiam ser sócios? E então Fleury comentou que um primo da mãe, Jamil, que havia sido diretor jurídico de uma grande empresa por muitos anos, estava se aposentando e também tinha planos de se integrar a um escritório.

Assim foi construída a sociedade entre os três – Dal Pozzo, Jorge & Alvarenga. Alugaram uma sala na Alameda Santos para sediar o escritório. Começaram a aparecer os primeiros casos e o negócio se estabeleceu como uma típica "clínica geral", sem especialidade definida. Mais tarde o escritório foi transferido para a Rua Veneza.

Daniela, a primogênita de Araldo e Stela, seguia o caminho do pai e também optou pelo Direito. Nem foi tanto por influência direta de Araldo, mas pela constatação de que, como não sentia grande interesse por alguma carreira em especial, essa área lhe proporcionaria uma formação mais ampla.

Cursar Direito justamente no período em que o pai era Procurador-Geral resultava em uma certa pressão para Daniela, que se sentia na "obrigação" de ter um desempenho acima da média na universidade. "Por mais que ele não cobrasse isso dos filhos, eu e meus irmãos sempre nos cobramos, por sermos filhos dele", ela lembra.

Ainda enquanto estudante, Daniela iniciou um estágio no Tribunal de Contas, a convite de Renato Martins Costa, amigo do pai, que havia saído do Ministério Público para ser Conselheiro no Tribunal de Contas do Estado. Ali ela permanece até hoje.

Daniela começou a namorar Luiz Rascovski, o Lula, em 1991. Os dois ainda não haviam completado 20 anos. A forma como se conheceram foi inusitada: em pleno trânsito. Ele estava com alguns rapazes num carro e ela com algumas moças em outro carro, num final de tarde, quando os dois veículos pararam lado a lado em um semáforo, no cruzamento da Avenida Brasil com a Rebouças, em São Paulo. Houve uma rápida troca de telefones e ligações posteriores.

Depois Lula ficou sabendo que, no momento do encontro no semáforo, Dani – que estava ao volante – havia "escapado" da vigilância dos seguranças que sempre a acompanhavam, pois naquele período seu pai era Procurador-Geral. Cautelosa, ela só levou o rapaz para dentro de casa e apresentou aos pais depois de seis meses. Seguiriam nove anos de namoro e de noivado, até o casamento.

Lula perdeu o pai quando tinha 27 anos e, na relação com Araldo, ganhou uma nova figura paterna. "Com uma abertura e uma proximidade que, na realidade, eu nunca tive com o meu pai", ele ressalta. Sempre sutil em seus conselhos e suas sugestões, o sogro acabou sendo uma influência importante para que o genro trocasse os negócios familiares – uma rede de lojas de móveis – pela carreira jurídica.

Uma das características de Araldo que Lula mais valoriza é a preocupação genuína com os outros, especialmente as pessoas mais próximas. "Ele sempre direciona a atenção a quem está mais vulnerável, enfrentando alguma dificuldade e precisando de apoio." Outro motivo de admiração é a parceria e a cumplicidade com Stela – um modelo de relacionamento que, para Lula, inspira toda a família.

A essa altura, Augusto, também estudante de Direito, foi trabalhar no escritório montado pelo pai com os dois sócios. Quando o rapaz optou pelo Direito, não foi surpresa para ninguém, já que, desde pequeno, ele acompanhava Araldo em tudo. Augusto só não queria ser promotor, mesmo porque as comparações com o pai seriam inevitáveis. "Ele sempre foi a minha grande inspiração, na vida, na trajetória acadêmica e no Direito, mas eu precisava encontrar um caminho que fosse meu", lembra.

O filho escolheu uma carreira diferente também pela questão financeira, pois via sempre o pai no aperto provocado por um salário fixo. Levou para a vida profissional, no entanto, a grande lição herdada de Araldo. "Direito é ciência social aplicada, para transformar a vida da sociedade. Sempre aprendi isso com ele."

Quando fez o primeiro estágio, no escritório Porto Sundfeld, outra grande referência do mercado, Augusto encontrou um ambiente efervescente voltado ao Direito Público – ali estavam sendo formuladas leis importantes, como a das Telecomunicações e a das Parcerias Público-Privadas, além de contratos de concessão de rodovias e aeroportos.

Enquanto dava os primeiros passos na carreira, Augusto fez mestrado na Pontifícia Universidade Católica (PUC-SP), sob a orientação do ícone Celso Antonio Bandeira de Mello. Depois, ainda na PUC, fez o doutorado e apresentou uma tese mais uma vez inspirada na trajetória do pai, pois propunha um olhar sobre o sistema jurídico em busca de propostas sobre o que poderia melhorar.

Assim como Augusto conheceu muita gente interessante por conta da rede de contatos do pai, o inverso também começou a ocorrer. Um exemplo é o advogado Márcio Cammarosano, que se aproximou de Augusto como professor na PUC. Cammarosano abriu algumas portas para o aluno que se destacava. Já tinha ouvido falar muito de Araldo e percebia a grande admiração que Augusto sentia pelo pai. A afinidade foi grande ao conhecê-lo – não só pela idade próxima, mas sobretudo por alguns interesses em comum no plano acadêmico:

> Quando ficamos mais experientes, é natural que a gente vá tirando o pé do acelerador das questões mais práticas do dia a dia e nos dedicando cada vez mais a reflexões teórico-acadêmicas. Dr. Araldo é um ótimo parceiro nesse tipo de troca. Ele é um grande estudioso da improbidade administrativa, por exemplo, entre vários outros assuntos. Além do mais, é uma figura humana admirável, que consegue ser sofisticado com muita simplicidade.

Cammarosano classifica Araldo como um "garantista"*, capaz de encontrar sempre uma postura de equilíbrio – característica que, para o colega, acentuou-se ainda mais no

* O Garantismo é uma teoria e um modelo normativo propagado pelo jurista italiano Luigi Ferrajoli, no final do século XX. Sob inspiração do Iluminismo, movimento que dois séculos antes combateu o poder absolutista dos monarcas, o conceito central do Garantismo é o respeito às garantias penais e processuais – ou seja, à vontade coletiva, aos direitos e aos deveres de um povo, assegurados pelo cumprimento justo e equilibrado da legislação. Do ponto de vista do Direito, essa proteção se refere aos direitos da pessoa: à vida, à liberdade, à igualdade, à propriedade e à segurança.

exercício da advocacia. "Dr. Araldo representa uma síntese perfeita entre o conhecimento teórico e o exercício como operador do Direito", avalia.

Augusto estagiou por 8 meses no escritório de Odyr Porto, o velho amigo do tio Celso que tinha sido o grande responsável pela aproximação de Araldo e Stela. Araldo pediu que Odyr exigisse o máximo do menino, pois ele próprio, como pai, provavelmente não teria coragem para mandá-lo "gramar" como era necessário no início da carreira.

Odyr prestava assessoria jurídica para o prefeito Paulo Maluf e perguntou se Araldo queria se tornar o advogado de Secretários do Maluf em ações de improbidade administrativa. Ele aceitou o desafio e, por conta dessa missão, acabou se aproximando de Pedro Paulo de Resende Porto, primo e sócio de Odyr no escritório da 9 de Julho, onde Augusto havia estagiado. Araldo e Pedro Paulo se uniram a Domingos Bottallo, colega de turma de Pedro Paulo e juiz do Tribunal Regional Eleitoral (TRE), para escrever um livro sobre Lei Eleitoral.

A aproximação levou ao convite para que Araldo se juntasse ao escritório dos Porto. Eles acertaram uma associação, com possibilidade de futura fusão, que envolveu também o escritório Bottallo e Sundfeld, do Professor Carlos Ari Sundfeld. Araldo e Augusto começaram a trabalhar em questões jurídicas de grande complexidade, envolvendo contratos públicos, licitações, concessões, improbidade administrativa, tornando-se cada vez mais especialistas nesses temas. Os planos de unificação dos escritórios foram interrompidos, especialmente pela morte súbita de Pedro Paulo, dentre outros fatores.

Diante das circunstâncias, Araldo e Augusto retomaram o plano do escritório tendo apenas ambos como sócios patrimoniais. Assim consolidou-se o Dal Pozzo Advogados, que figura entre os principais escritórios de direito público, infraestrutura e regulação do Brasil. Os primeiros anos foram de crescimento gradual, mas consistente. Araldo sabia que não tinha perfil de empreendedor, então sempre deixava, além das questões jurídicas, os desafios da gestão nas mãos do filho. Consolidou-se a ideia de que um escritório de advocacia é, na verdade, uma empresa e, portanto, deve atuar de forma profissional, como requer o mercado jurídico.

No ano 2000, Araldo foi procurado por um secretário do prefeito de São Bernardo do Campo, William Dib, para defendê-lo em alguns casos que estavam no Tribunal de Contas. Depois que todas as pendências haviam sido resolvidas, o prefeito foi reeleito no final daquele ano e convidou Araldo para se tornar secretário municipal de assuntos jurídicos.

Tratava-se do município com o oitavo maior orçamento do Brasil. Araldo pensou na rica experiência que teria no envolvimento pessoal com as questões práticas envolvendo a Administração Pública, o que certamente seria um cabedal importante para o desenvolvimento de sua atuação como advogado. Conversou com Augusto, que concordou que era uma boa ideia. De fato, quando Araldo voltou a se dedicar ao escritório, trouxe uma rica experiência profissional que contribuiu bastante com a profusão de elementos práticos que devem ser considerados nas soluções jurídicas adotadas.

Augusto também contribuía para isso, após ter consolidado sua formação com o mestrado e o doutorado em Direito Administrativo pela PUC-SP, tornando-se, inclusive, professor da referida universidade. Em conjunto com Araldo, ele passou a difundir um conhecimento diferenciado e profundo acerca das categorias fundamentais do direito administrativo. Essa fusão de conhecimento entre pai e filho foi fundamental para que o escritório pudesse granjear o sucesso que hoje ostenta no mercado jurídico brasileiro.

Em 2005, o genro Luís Celso, marido de Christiane, engenheiro que trabalhava na General Motors, foi transferido para a sede da empresa, em Michigan, nos Estados Unidos. Christiane foi a única entre os quatro filhos de Araldo e Stela a não cursar Direito. Escolheu atuar como designer de interiores e nunca ouviu, dos pais ou dos irmãos, qualquer comentário desabonador a respeito da decisão. "Meu pai e minha mãe sempre foram muito abertos para entender os desejos e as vocações de cada um dos filhos", diz Christiane.

Luís Celso era amigo de Augusto quando começou a frequentar a casa dele, em 1993, aos 19 anos. O namoro com Chris demorou um pouco para começar – foi em 1995, quando ele estava com 21 anos e ela com 17. As idas a Tietê são uma lembrança feliz da época. Nessas ocasiões, Araldo divertia-se jogando truco com a ala jovem, além de cozinhar para todos, algo que sempre fez com muito prazer.

O genro nunca conseguiu se livrar do hábito de chamar o sogro de "tio Araldo", pois era assim que os amigos dos filhos sempre se referiam a ele. "Desde aquela época, tio Araldo conseguia aglutinar a família em torno dele, e isso continua do mesmo jeito 30 anos depois", diz Luís Celso.

O casamento de Christiane e Luís Celso aconteceu em 2005, depois de dez anos de namoro e noivado. Cumprir longos períodos antes do casamento se tornava uma tradição na família, pois havia o entendimento de que era prudente alcançar alguns objetivos pessoais e profissionais antes de dar um passo tão importante, ainda mais se tratando de relacionamentos que envolviam pessoas tão jovens.

Pode-se até dizer que o casamento foi "antecipado" pela oportunidade de Luís Celso nos Estados Unidos – sem esse elemento, talvez a união oficial demorasse mais alguns anos para acontecer. Depois que ele e Chris se instalaram em Rochester Hills, em Michigan, Araldo e Stela passaram a visitá-los com certa regularidade. Até que Augusto comprou uma casa em Orlando. Tempos depois, Araldo decidiu fazer o mesmo, a fim de permitir que a família pudesse passar o Natal e o Ano-Novo juntos, o que vem acontecendo desde então.

Em 2005, nasceu Isabela, filha de Daniela e Lula. Araldo e Stela tornavam-se avós. Hoje, a primeira neta mantém uma relação muito próxima com o avô. "Ele é uma âncora da família. Transmite muita segurança, em todos os sentidos. Sempre pude contar muito com o meu avô, em qualquer assunto. A diferença de idade nunca foi um obstáculo para a gente se entender", diz Isabela. "Acho que ele nem sabe o quanto é admirado por nós todos."

Cinco anos depois, Isabela ganhou um irmão, Guilherme, primeiro neto homem de Araldo e Stela. "Meu avô é um cara muito legal. Gosta de estar junto com todo mundo, de ajudar, é muito sincero e engraçado. E sempre tem muita história para contar", diz o rapaz, com um sorriso.

Em 25 de outubro de 2006, Araldo e Léia perderam o pai, aos 88 anos. Mais do que a inevitável tristeza, a sensação predominante era de gratidão por tê-lo ao longo de tanto tempo, depois de um episódio de saúde delicado ocorrido mais de três décadas antes. Naquela ocasião, quando estava com 55 anos, Araldo pai sentiu uma forte dor no peito. Levado às pressas para São Paulo, constatou-se o entupimento de 95% de uma veia do coração. Um médico achou que não havia o que fazer, outro sugeriu a ponte de safena, que poderia oferecer uma sobrevida estimada em cinco anos. A cirurgia foi realizada pelo célebre Dr. Adib Jatene e, como se constata pela longevidade do paciente, funcionou muito bem.

Depois do problema cardíaco, o pai de Araldo e Léia se aposentou por invalidez e passou a receber uma pensão mínima. Araldo precisou ajudá-lo financeiramente pelo resto da vida. Construiu a casa em Tietê – os pais não tinham imóvel próprio até então. Stela foi extremamente compreensiva, entendendo a prioridade dada aos sogros, o que exigia alguns sacrifícios no começo da vida em comum. “Sempre agradeci a Stela por isso. Se a situação fosse inversa, eu provavelmente não iria topar”, admite Araldo.

Em 2007, nasceu Chiara, a primeira filha de Christiane e Luís Celso. Quando ela tinha apenas um ano, a crise financeira no setor automobilístico obrigou os expatriados da GM nos Estados Unidos a voltar aos seus países de origem. Luís Celso retornou ao Brasil com a esposa e a bebê. Foram acolhidos na casa de Araldo e Stela, situação que a princípio seria provisória, mas se estendeu por cinco anos. “Foi um apoio essencial para que eu conseguisse me reorganizar profissionalmente”, lembra Luís Celso, que, pouco depois da volta ao Brasil, decidiu sair da GM. Enquanto ainda viviam na casa de Araldo e Stela, nasceu a segunda filha do casal, Pietra, em 2010.

Com a tranquilidade propiciada pela estadia na casa de Araldo e Stela, o casal conseguiu comprar e reformar uma casa. Só que não tardou para que Christiane e Luís Celso tomassem a decisão de voltar aos Estados Unidos e iniciar uma nova vida por lá, com as duas meninas.

Araldo e Stela se esforçaram ao máximo para lidar com a distância. "Sempre que eles podiam, estavam lá conosco. Tenho essa imagem deles muito presentes. Hoje, quando está longe, meu avô manda mensagem o tempo todo, quer saber como estamos", diz Chiara. Para Pietra, conviver com o avô é muito fácil, mesmo sendo adolescente. "Posso falar sobre qualquer coisa e ele nunca vai achar nada errado ou absurdo. Sempre quer entender a gente e ajudar quando possível."

A admiração é compartilhada pelas outras netas, Manuela e Marcella, nascidas, respectivamente, em 2008 e 2010. Filhas de Augusto e Gabriela, elas lembram como o avô e a avó foram sempre companhias agradáveis para passeios, incluindo viagens inesquecíveis à Disney.

Uma característica marcante de Araldo, ambas fazem questão de ressaltar, é a erudição. "Impressionante como ele sempre tem resposta para todas as perguntas. Gosto muito de observar como ele escolhe as palavras, como constrói as frases", diz Manuela. Marcella nunca esqueceu a ocasião em que perguntou ao avô como os raios se formam e ele fez uma descrição detalhada. "Falou de improviso, sem pesquisar. Ele é um tipo raro de pessoa, que sabe muita coisa, mas não é metido", diz a neta.

Mesmo afastado, a ligação de Araldo com o Ministério Público nunca foi esquecida. Em 2008, ele recebeu um Diploma de Honra ao Mérito pelos relevantes serviços prestados à instituição. Continuou fazendo palestras em várias partes do país, ao longo dos anos, relembrando a gênese da formação de um novo Ministério Público na Constituinte. Em 2009, foi convidado a assumir a Presidência da Comissão Especial de Estudos para a Reforma da Lei de Licitação (Lei nº 8.666/93), constituída pelo presidente da OAB de São Paulo.

Em meio aos ganhos e perdas da vida, no ano seguinte, em 29 de julho, morreu Guida, poucas semanas antes de completar 90 anos. Após enviuvar, a mãe de Araldo passou dois anos em Tietê, num apartamento que ele comprou em um dos dois prédios que a cidade tinha naquele momento. Depois, a mãe mudou-se para São Paulo, com o objetivo de ficar perto dos filhos – especialmente Léia, já que Guida passou a morar no mesmo condomínio da filha, com uma acompanhante, Elzi.

Léia havia se aposentado, após lecionar por 28 anos, e tinha mais tempo para dedicar à mãe que Araldo. Ocupado pelos inúmeros afazeres no escritório e em outros compromissos, ele contribuía mais na parte financeira. Nos últimos tempos de vida, Guida sempre chorava quando via Araldo, arrependida por ter sido tão rigorosa ao cobrar os estudos. O filho respondia que não havia motivos para arrependimentos, pois tanto ele quanto Léia tinham se tornado o que eram por conta disso. Além do mais, confessava Araldo, muitas vezes ele havia enganado a mãe, fingindo estudar quando, na realidade, estava se dedicando a outras atividades, como fazer poesia ou aprender a tocar violão.

Guida escrevera, ao longo da vida, inúmeras cartas ao filho, algumas das quais Augusto guarda com carinho no escritório, como uma lembrança da avó. “Ela escrevia lindamente, com um português impecável e uma letra maravilhosa”, conta o neto.

Em paralelo à atuação profissional, Araldo intensificou a produção de livros e de artigos para coletâneas. O ano de 2013 foi especialmente profícuo nessa área. Araldo lançou, pela Editora Fórum, *Teoria geral de direito processual civil* e traduziu, em parceria com Augusto, a obra *O Estado de Direito*, de Jacques Chevalier, de quem são amigos.

Ao lado de Walter Paulo Sabella e José Emmanuel Burle Filho, parceiros que também tiveram atuação decisiva durante a Constituinte, Araldo coordenou a coletânea *Ministério Público, 25 anos de novo perfil constitucional – criação de uma identidade*, publicada pela Editora Malheiros. Dividida em duas partes – "Constituinte e Constituição Federal de 1988" (Memórias e História) e "A criação de uma identidade" (Doutrina), a obra chegou a 910 páginas, envolvendo artigos de outros 33 colaboradores, além dos três organizadores.

Aquele ano de 2013 foi simbólico para o Ministério Público. No entardecer de 22 de junho, mais de 30 mil pessoas, após marcharem pelas ruas centrais de São Paulo com cartazes e bandeiras, concentraram-se na confluência da Rua Riachuelo com o viaduto Brigadeiro Luís Antônio para um abraço simbólico ao edifício Campos Salles, sede central do Ministério Público, enquanto cantavam o Hino Nacional.

Era um protesto contra a Proposta de Emenda Constitucional 37, que dispunha sobre a supressão dos poderes investigatórios do Ministério Público. Essa mobilização certamente contribuiu para que a proposta tenha sido repudiada pela maioria esmagadora quando chegou ao Parlamento.

No ano seguinte, enquanto Araldo tornava-se professor integrante do Claustro Permanente do Grupo de Investigación Derecho Público Global de La Universidad de Coruña, na Espanha, surgia no Brasil a controversa Operação Lava Jato, conjunto de investigações realizadas pela Polícia Federal sobre um esquema de desvio de verbas na Petrobras, o chamado "Petrolão". Seriam sete anos de operação, com 80 fases operacionais, que resultariam em mais de mil mandados de prisão temporária ou preventiva, condução coercitiva ou de busca e apreensão.

Apesar dos equívocos, manipulações e exageros cometidos durante a Lava Jato, não se pode negar que, "pela primeira vez desde que Cabral deixou um degredado no Brasil, a oligarquia política, burocrática e empresarial foi ferida, exposta e encarcerada", como afirmou Elio Gaspari num artigo publicado em 13 de março de 2016, na *Folha de S.Paulo*. "Deve-se à Constituição de 1988 a independência do Ministério Público e graças a ela existe a Lava Jato", acrescentou o jornalista.

Em 2016, Araldo publicou *Teoria geral do novo processo civil brasileiro*, pela Editora Contracorrente. Nesse mesmo ano, Gianpaolo Smanio tornou-se Procurador-Geral de Justiça em São Paulo. Tratava-se de um velho conhecido de Araldo. O pai de Gianpaolo, Luis Antonio Mascaro Smanio, pertencia aos quadros do Ministério Público e era amigo do tio Zé Carlos. "Independentemente dessa ligação familiar, sempre que eu ouvia falar do Dr. Araldo era com muito respeito, como uma referência, por tudo o que o grupo político liderado por ele havia conseguido fazer pelo Ministério Público", lembra Smanio.

O tio Zé Carlos, no final da vida, ainda viveu uma bela e surpreendente história de amor. Separado de Lia, foi morar em São Paulo e se aproximou de Leda, aquela tia de Araldo pelo lado paterno que estudara Filosofia e o apresentara muitos anos antes ao livro *Cartas do meu moinho*. Leda havia enviuvado, e ela e Zé Carlos acabaram vivendo juntos, em Mogi-Mirim.

Muitos e muitos anos depois de ter lido o livro, Araldo por acaso viu, em meio a uma viagem pela França, uma placa em que estava escrito "Moinho de Dodet", numa pequena cidade da Provence. Foi até o local indicado e lá estava o moinho, que permanecia exatamente como descrito na obra. Foi um momento emocionante para Araldo.

Com o tempo, o time do Dal Pozzo ganhou o reforço de novos sócios além de Araldo e Augusto. Em 2004 chegou à equipe João Negrini, que em 2008 se tornou sócio-titular da banca. Em 2005, chegou Percival José Bariani Júnior, que se tornou sócio em 2012. E depois, Beatriz Dal Pozzo, a filha caçula, que passou a integrar o quadro societário. Todos continuam, de maneira uníssona, a fazer crescer o escritório, e certamente compõem uma parte importante dessa grandiosa "academia da advocacia brasileira".

Hoje, a equipe do Dal Pozzo tem ainda outros sócios, como Evane Kramer, mestre em Processo Civil pela PUC-SP e doutora na mesma disciplina na USP, além de professora da Universidade Presbiteriana Mackenzie, e Renan Marcondes Facchinatto, mestre em Direito Administrativo pela PUC-SP e pós-graduado em Direito da Infraestrutura pela Fundação Getulio Vargas, profissionais altamente reconhecidos pelo mercado.

Nascido em 1982, João Negrini estudou no Colégio Dante Alighieri na mesma época das filhas de Araldo. Ingressou no curso de Direito, seguindo uma sólida tradição familiar, e foi estagiar no Tribunal Regional Federal (TRF) de São Paulo como assistente de um desembargador. Ao pesquisar os escritórios de advocacia onde gostaria efetivamente de trabalhar, deparou com aquele sobrenome conhecido das antigas colegas de colégio, no então escritório Porto e Dal Pozzo. Mandou um currículo, marcou uma conversa e começou a trabalhar lá, no quinto ano da faculdade. Desde então, não perdeu mais o vínculo.

Negrini seguiu com Araldo e Augusto para o novo escritório. Tornou-se par de Araldo nas questões que envolviam o Tribunal de Contas, o que proporcionou muitas viagens juntos para visitar prefeituras – e uma aproximação humana com aquele profissional que, para um recém-formado, era quase mitológico. "São quase 40 anos de diferença, mas Dr. Araldo tem a incrível capacidade de fazer qualquer pessoa se sentir à vontade perto dele. Trata todo mundo com a mesma gentileza, de forma genuína, natural", diz Negrini. "Muito importante para a nossa atividade é que ele consegue misturar essa simplicidade com objetividade."

Percival José Bariani Júnior, outro sócio do escritório, é da mesma geração de Negrini – também tem quase 40 anos de diferença para Araldo, portanto. Juntou-se ao time em 2005, aos 22 anos, como estagiário. "Entrei por indicação e confesso que não sabia do tamanho do Dr. Araldo na história, de toda a atuação pretérita dele como Procurador-Geral e na Constituinte", ele lembra. "Fui descobrindo isso aos poucos, o que só fez aumentar a minha admiração, porque se trata de um senhor extremamente simples e afável no trato. Temos muito em comum, porque também venho de uma cidade pequena, Santa Adélia."

Em 2015, chegou à equipe Evane Beiguelman Kramer, que trabalhava no escritório de Pedro Paulo Porto na época em que conheceu Araldo. Passados 13 anos, a empatia e o respeito mútuo desenvolvidos naquele período tornaram natural a possibilidade de ingresso na equipe. “Sempre me chamou a atenção como o Dr. Araldo conseguia liderar sendo agradável, nunca autoritário, mas tomando as decisões necessárias. O carisma dele vem dessa simplicidade no trato”, lembra Evane, que continua na equipe do Dal Pozzo, ao mesmo tempo que leciona no Mackenzie. A experiência no Ministério Público é, para ela, outro dos diferenciais de Araldo:

> Sempre o considerei uma grande referência por conta, especialmente, da visão bilateral. Por ter vindo do Ministério Público, Dr. Araldo consegue perceber e transmitir qual é a visão do outro lado, o que permite uma análise preditiva e uma antecipação do que poderá ser contestado e do que poderemos contestar. Ele sempre ressaltou, também, a importância de ancorar toda a argumentação dos nossos clientes naquilo que está provado. Esse é um eixo fundamental da advocacia que muitas vezes acaba sendo esquecido: provas, não opinião. Uma boa argumentação depende menos de criatividade e mais de coerência. Muitas vezes, nas reuniões para definir estratégias de argumentação, ele nos lembra de uma questão essencial, com uma simples pergunta: “A gente vai conseguir demonstrar isso?”.

Araldo foi intensificando, aos poucos, a publicação de artigos e livros em parceria com Augusto. Alguns exemplos são “O princípio da moralidade administrativa e a confiança legítima”, na coletânea *1988/2018 – 30 Anos da Constituição Federal do Brasil* (Imprensa Oficial do Estado de São Paulo, 2018), e “Ensaio sobre o conteúdo jurídico da confiança legítima e sua incidência no setor de infraestrutura" (Editora Contracorrente, 2019).

Depois de mais de 50 anos de atuação profissional, Araldo mantém a inquietação e a vontade de pensar em formas de aprimorar o cenário jurídico do país. "O Estado de Direito brasileiro está agonizando, não é possível continuar assim", ele observa. Um dos pontos que mais o incomodam é a insegurança jurídica, que causa uma série de transtornos e afasta investidores. Araldo considera que esse é um problema estrutural, originado, em grande parte, na multiplicidade de órgãos de fiscalização, cada um usando um método.

Daí o interesse pelo tema "confiança legítima". Há casos de irregularidades que são cometidas pelo órgão governamental que lançou uma licitação e, mais tarde, quando os erros são identificados, a empresa privada que venceu a licitação também é considerada culpada, sendo que apenas cumpriu as diretrizes estabelecidas na licitação. Até provar a inocência – caso consiga –, a empresa precisará investir na defesa, prejuízo adicional além da perda de receita decorrente da própria interrupção dos serviços prestados na licitação ou da impossibilidade de receber de volta os investimentos realizados.

Por isso é tão importante, para Araldo, implantar no Brasil o princípio da confiança legítima – que, em linhas gerais, confunde-se à ideia tradicional da "boa-fé". "Não é aceitável que alguém siga a orientação dada pelo Estado e depois seja penalizado por isso", ele observa. A doutrina estrangeira traz uma solução para casos assim: reverter, quando possível, ou, então, o Estado indeniza. Prevalece o que está feito, mesmo que seja contra a lei, pois o princípio da confiança legítima torna-se mais forte do que a ilegalidade verificada. A proposta de Araldo para evitar na raiz o surgimento desse tipo de problema é a busca por uma "Teoria de Tudo" no Direito brasileiro:

> Assim como os físicos e astrofísicos estão buscando a Teoria de Tudo, conciliação da teoria quântica com a Teoria da Relatividade, precisamos no Direito buscar a nossa "Teoria de Tudo". Estabelecer critérios em que o método de exame seja o mesmo para todas as organizações que podem abrir um inquérito, como o Ministério Público, o Tribunal de Contas e o Cade – Conselho Administrativo de Defesa Econômica.

Em casa, Araldo e Stela contaram ainda por muitos anos com a companhia da caçula Beatriz, a Bia. Crescida num ambiente bem mais tranquilo na família – "tempos de vacas gordas", como ela mesma define –, Bia era levada ao colégio Dante por um motorista acompanhado de dois seguranças. Nem chegava a ser uma situação que chamava muita atenção, já que, naquele estabelecimento de ensino de elite, outros colegas, por diferentes razões – filhos de presidentes de multinacionais, por exemplo –, também tinham escolta:

> Na época da Constituinte, eu era bebê e não sofri, como os meus irmãos, naquele período em que o nosso pai quase não conseguia ficar em casa. Minhas primeiras lembranças dele são de muita presença, inclusive ajudando nas lições de diversas disciplinas, especialmente História, Geografia, Português e Literatura. Em Português, havia também o reforço semanal das aulas dadas pela tia Léia. Minha mãe me levava lá toda semana.

Bia se formou em Direito e começou a trabalhar no escritório da família. Quis fazer uma pós-graduação fora e, interessada em processo civil, escolheu Milão, como o pai – inclusive passou oito meses no mesmo apartamento em que Araldo e Stela ficaram, quase 40 anos antes.

No começo daquele mesmo ano de 2010, Leonardo Cunha, que estava no último ano do curso de Direito, havia começado a trabalhar como estagiário no escritório. Ele fora recomendado por Evane Kramer, que, na época, ainda não havia integrado o escritório, mais uma daquelas "coincidências" da vida. Inusitadamente, a entrevista de contratação foi feita por Araldo, que raramente assumia essa incumbência e só fez isso porque Augusto estava viajando.

O fato é que Bia se interessou por Leonardo, dois anos mais novo, e foi correspondida. Começaram a namorar, inicialmente escondidos de Araldo e Augusto, pois ela não estava muito convicta de que a relação sobreviveria à viagem dela para a Itália, que já estava planejada.

Não foi o que aconteceu. Eles continuaram se falando à distância e, para encurtar uma longa história, casaram-se em 2019, depois de oito anos. Nesse dia, Araldo fez um discurso em que confessou ter pensado, logo no primeiro contato com Leonardo, durante a entrevista de contratação: "Bem que esse rapaz poderia ser meu genro".

Quando Bia contou ao pai sobre o namoro, Araldo falou, de forma um tanto jocosa: "Só toma cuidado, porque o Leonardo é um rapaz de família". Augusto, que tinha fama de ciumento com as irmãs, também reagiu bem. Ficou acertado que Leonardo deixaria o escritório e partiria para uma carreira independente. Desfrutando de uma situação confortável na casa dos pais, mas também para fazer companhia a Araldo e Stela, Bia só saiu de lá quando se casou, em 2019, aos 32 anos.

No escritório, Bia começou como estagiária em 2005, no primeiro ano da faculdade. Fez de tudo. Aos poucos, assumiu a gestão do contencioso do escritório e, em decorrência disso, foi desenvolvendo habilidades de gestora. Descobriu, assim, uma vocação: começou a pensar em procedimentos e estratégias para aumentar a eficiência e o dinamismo. Intensificou a "conversa" entre os departamentos jurídico e financeiro. Preocupou-se em produzir indicadores.

"Em 2016, surgiu uma proposta de fusão com outro escritório. Se quiséssemos levar o processo adiante, teríamos que apresentar uma série de números dos quais simplesmente não dispúnhamos", lembra Bia, que, ao liderar todo esse processo de profissionalização, mostrou seu grande valor e tornou-se não apenas sócia, mas CEO do escritório. Em 2023, nasceu Bernardo, o primeiro filho de Bia e Léo, sétimo neto de Araldo e Stela, segundo menino. "Netos são aquela maravilha, que podemos agradar sem culpa", brinca Araldo.

O crescimento do Dal Pozzo, especializado em Direito Público, Infraestrutura e Regulação, levou à contratação de mais funcionários e à chegada de novos advogados. Hoje, são mais de 40, numa equipe total de 60 pessoas. Um dos reforços mais recentes é o consultor Silvio Luís Ferreira da Rocha, que, aos 60 anos, tornou-se o segundo membro mais velho do time. "Vou às terças ao escritório e muitas vezes tenho a oportunidade de uma bela conversa com o Dr. Araldo, em que falamos de tudo, desde a discussão de casos até amenidades", descreve Rocha. Assim os serviços oferecidos pelo Dal Pozzo são resumidos no site do escritório:

> Somos especialistas em Direito Público, nas áreas de Direito Administrativo, Direito Processual Civil e Direito da Infraestrutura. Licitações, contratos administrativos, concessões, parcerias público-privadas, regulatório, compliance e programas de integridade, processos em tramitação nos Tribunais de Contas, patrocínio de ações de improbidade administrativa, ações civis públicas, ações populares, tutelas de urgências cautelares, infraestrutura logística (rodovias, transporte coletivo, mobilidade urbana, ferrovias, portos, aeroportos e hidrovias) e infraestrutura social (saneamento básico, educação, saúde, habitação, mobilidade urbana e recursos hídricos) formam uma parte do conjunto das práticas do escritório.

Araldo continua sendo um grande exemplo, pelo conhecimento que demonstra e por ser um trabalhador incansável, mesmo estando com 80 anos. Seu grande orgulho é que o escritório criou um ambiente onde as pessoas são respeitadas e os valores éticos preservados, sem que se estabeleça uma competição desumana entre os componentes da equipe, como é comum ver em grandes escritórios de advocacia:

> Sempre digo ao pessoal que todos precisam acordar felizes pensando que vão passar o dia trabalhando no Dal Pozzo. Se estiverem tristes ou insatisfeitos, que nos digam os motivos e vamos tentar resolver. É preciso estar aqui não só com o corpo e os conhecimentos técnicos, mas com o coração.

A reputação e os contatos construídos pelos sócios são, certamente, vitais para o sucesso de um escritório de advocacia. Um exemplo é a parceria que o Dal Pozzo estabeleceu com o escritório de Nilson Naves em Brasília.

Os dois se conhecem desde que foram aprovados no mesmo concurso de ingresso para o Ministério Público, em 1969. Ao longo dos anos, trocaram informações com certa frequência, muitas vezes a respeito da visão que cada um tinha sobre o Direito e como o ambiente da Justiça brasileira poderia se tornar mais produtivo. A relação se tornou ainda mais estreita durante a Constituinte, quando Araldo fez várias visitas ao escritório de Naves em Brasília.

Um foi acompanhando a trajetória e as conquistas do outro. Depois das respectivas carreiras de destaque como servidores públicos – Naves foi Ministro e Presidente do Superior Tribunal de Justiça (STJ) –, ambos passaram a se dedicar à advocacia. Começaram a compartilhar alguns casos, especialmente aqueles que exigiam atuação tanto em São Paulo quanto em Brasília. "O que sempre me chamou a atenção no Araldo é como ele conseguia conciliar de forma equilibrada o temperamento de *gentleman* e a obstinação com que perseguia as ideias em que acreditava", diz Naves.

Castellar Modesto Guimarães Filho, antigo companheiro de Araldo no Ministério Público, atuando por Minas Gerais, também passou a exercer a advocacia depois da aposentadoria no Ministério Público, especializando-se na área criminalista. Os dois escritórios também estabeleceram uma parceria. "O Dal Pozzo é referência em advocacia pública. Sempre que precisamos de apoio nessa área, eles são os nossos parceiros", conta Castellar.

Outra parceria do gênero foi estabelecida com o escritório Toron Advogados. “Ele me encaminhava causas criminais, minha especialidade, e eu lhe encaminhava causas do Direito Administrativo, área que ele domina como poucos”, descreve Alberto Toron. “Muitas vezes atuamos juntos em processos que envolviam esses dois aspectos simultaneamente.”

Em 2020, Araldo publicou *Revisitando uma história sem fim: o Ministério Público em tempos de crise.* O título era uma referência ao livro *Conamp-Caemp: uma história sem fim*, publicado por Joaquim Cabral Netto em 2009, sobre os acontecimentos mais relevantes das décadas anteriores na história do Ministério Público.

A crise mencionada no título havia sido pressentida por Araldo desde a promulgação da Constituição Federal. Havia uma única parte do texto referente ao Ministério Público que o deixou desconfortável. Tratava-se de uma regra jurídica que intimamente ele sempre chamou de “intrusa” e tornou-se o inciso III do artigo 129: a inclusão, entre as funções institucionais do Ministério Público, do seguinte texto: “Promover o inquérito civil e a ação civil pública, para a proteção do patrimônio público e social, do meio ambiente e de outros interesses difusos e coletivos”.

Era a típica semente que havia gerado raízes que cresceram demais e agora estavam causando problemas, conforme antevisto por Araldo. Como saber exatamente o que viria a ser considerado “patrimônio público”? A expressão parecia insinuar uma religação do Ministério Público com o Poder Executivo, o que ia na direção contrária de todo o esforço feito na Constituinte. Na visão de Araldo, o conceito de “patrimônio público” não poderia abarcar todos os bens pertencentes ao Estado, justamente para não restabelecer a conexão com o Executivo.

Araldo continuou sempre compartilhando suas ideias e sua visão sobre como aprimorar o Estado de Direito Democrático do país. Um dos canais que passou a utilizar para isso, a partir de 2020, é o site *Migalhas*, importante veículo especializado em temas jurídicos, onde ele publica artigos com regularidade.

Com seu temperamento místico, Araldo nunca perdeu o elo com o inexplicável, com o sagrado. Numa das pescarias mais recentes, no Rio São Benedito, município de Jacareacanga, no Pará, ele viveu uma experiência especial. Estava num grupo de sete amigos e, como eram dois por barco, havia um revezamento para definir quem pescaria sozinho.

Num dos momentos em que estava sem companhia no barco, ele fechou os olhos e começou a pensar na vida. Aquele ambiente de pescaria o ligava diretamente às lembranças com o pai e com o avô, ou à infância em Tietê. Logo Araldo estava entregue à imensidão de tudo ao redor, como se tivesse se fundido à paisagem. Num certo momento dessa meditação, teve a clara sensação de que havia uma imagem sentada bem à frente dele no barco. Um ser que estava de perfil e com uma túnica, adereço que permanecia imóvel mesmo com o vento.

Araldo continuou com os olhos fechados, apreciando aquela presença. Sabia que, se abrisse os olhos, a imagem desapareceria. Experimentava um sentimento imenso de amor, de querer bem àquela imagem. Uma ligação afetiva inexplicável. Sentiu uma paz, uma tranquilidade que nunca havia sentido na vida. Talvez tenha chegado ao que, no budismo, é chamado de Nirvana – o estado de libertação do sofrimento e de superação do apego à vida material.

Durante a pandemia de covid-19, que chegou ao Brasil em março de 2020, Araldo mudou-se para a fazenda que pertencia originalmente à família de Stela e ficou lá durante mais de um ano, por conta da necessidade de isolamento social. Nesse período, passou a acompanhar as missas rezadas em Aparecida do Norte, transmitidas pela TV. Ficou encantado com as homilias dos padres redentoristas e se reconectou a um tipo de manifestação da fé que abandonara muitos anos antes:

> Eu não gostava de ir a missas em que os padres tratavam Deus como um machado que saía cortando a cabeça de todo mundo. Isso me fazia sair da igreja pior do que tinha entrado. Já os padres de Aparecida levantavam o astral das pessoas, algo fundamental naquele período da pandemia.

Outra circunstância na área religiosa que impressionou Araldo foi ter conseguido parar de fumar aos 56 anos, depois de quatro décadas fumando muito, quase quatro maços por dia. Ele já havia tentado todos os recursos, de adesivos a remédios, sem sucesso. Até que alguém sugeriu que ele e Stela, que também queria abandonar o hábito, rezassem para a Nossa Senhora Desatadora dos Nós.

"Parece mentira, mas, ao rezarmos o terço durante os nove dias da novena, a vontade de fumar foi passando e tanto eu como ela paramos completamente", lembra Araldo. Ele só não tem certeza se algo assim é resultado de um poder superior ou apenas da autossugestão – algo que vem da própria pessoa, portanto.

Araldo sempre leu muito sobre temas ligados à compreensão da vida, incluindo religião, filosofia, física quântica e astrofísica. Enquanto a fé de Stela sempre foi inabalável, ele variava entre períodos de maior ou de menor crença sobre a influência de forças superiores na vida das pessoas. Uma de suas leituras mais marcantes foi *Do sentimento trágico da vida*, do filósofo espanhol Miguel de Unamuno (1864-1936), que trata da angústia que sentimos diante da certeza da morte e das clássicas perguntas existenciais – de onde viemos e para onde vamos? Para Unamuno, só mesmo o campo da fé permite respostas otimistas para essas questões, ao propagar a ideia de que há algum tipo de continuidade na vida terrena.

O autor perdera um filho e se revoltara contra Deus, o que o levou a iniciar uma investigação para concluir se Deus existe ou não. Chegou à conclusão de que Deus existe para quem acredita que ele existe – esse é, no final das contas, o princípio central da fé. "O nosso problema é que Deus sabe tudo, e os animais não sabem nada. Nós estamos no meio-termo", diz Araldo, citando Ortega y Gasset.

Desde jovem, Araldo sempre fez muitas anotações em "caderninhos secretos". Observações, comentários, registros do que estava vivendo e sentindo. Alguns desses cadernos resistiram ao tempo e se tornaram uma fonte importante para quem se propôs a escrever esta biografia.

Em uma dessas reflexões, do tempo em que Araldo ainda era estudante de Direito, ele se perguntava: "Devo buscar a felicidade mais numa atividade econômica ou em prol da sociedade?". Os anos demonstraram que ele conseguiria desenvolver uma carreira em que teve a oportunidade de fazer as duas coisas.

Outra das fontes de pesquisa para esta obra foi o livro *Naquele tempo*, que Araldo escreveu lembrando a infância e a adolescência em Tietê. Um livro que teve um único exemplar impresso, por iniciativa da filha caçula, Bia. Na apresentação, Araldo escreveu:

> Perdido nessas reflexões, acabo sempre me perguntando o que realmente passaria na alma e no coração da pessoa que vive a vida rotineira, igual, em inflexões sobre si mesma, plena de certezas, de crenças inabaláveis em tudo que vê, sente, cheira, prova, ouve. Quais seriam suas autênticas alegrias, as suas mais recônditas esperanças, seus desejos inconfessáveis, o sentido de sua existência, enfim?

Os mesmos caderninhos perdidos por anos nos armários revelaram algumas preciosidades guardadas: as poesias feitas por Araldo desde jovem, hábito que ele manteve ao longo das décadas – e que, mais recentemente, passaram a ser escritas e armazenadas no computador. Poesias que ele nunca mostrou a ninguém. Um desses poemas, com o título "No Portal dos Sonhos", dizia:

> *De onde vem essa voz, que me ordena a sonhar?*
> *Mesmo em sonho, não pude deixar de ser*
> *O imenso turbilhão que sou e que ninguém pode ver,*
> *Nem sentir, nem ouvir, nem mesmo sequer imaginar.*
> *Não pude ser um mero espectador de mim:*
> *E foi assim que cheguei ao meu sonho,*
> *Sabendo da minha própria chegada.*
> *Muito, mais muito antes de chegar.*

EPÍLOGO

Depois de mergulhar na vida e obra do Dr. Araldo, o autor deste livro percebeu claramente que faltava algo. Queria ir a Tietê, ao lado do seu personagem, para conhecer os lugares que despertavam tantas lembranças.

A esperada viagem ocorreu quando todo o restante do livro estava pronto. Seria mesmo um epílogo, como de fato é. Certamente foi uma ocasião especial também para o próprio Araldo, que raramente vai à cidade natal. Ele se sente um tanto triste ao visitá-la, pois isso traz lembranças de pessoas que já partiram, assim como evidencia a drástica modificação de alguns cenários.

Dr. Araldo absorto em lembranças

O velho sobrado onde viveu a infância e a juventude continua lá, mas parece um tanto abandonado. Dr. Araldo me explicou exatamente onde ficava o Pátio do Mercado e o local onde ouvia as histórias do Velho Silvano. Fomos depois à Sorveteria do Dante, um dos raros estabelecimentos comerciais da cidade que resistem desde aqueles tempos, agora administrado pelo bisneto do fundador.

Quase nada estava como antes, mas a pracinha dos namoros e o repicar do sino da igreja pouco mudaram. Ele apontou para as árvores mais altas da praça e comentou que já existiam desde os seus tempos de infância. Foi perceptível o quanto esses detalhes lhe davam uma sensação reconfortante de familiaridade.

Como ele se sentia depois de deixar sua Tietê natal está registrado numa anotação manuscrita sem data, mas certamente bem antiga, guardada em um pequeno baú junto a outras lembranças:

> A memória primeira, que realmente importa, é a imagem do velho sobrado do Páteo do Mercado. A varanda lateral terminava em duas escadas enormes.
>
> Nos meus primeiros anos de consciência, vivi na escada do sol nascente – eu tinha certeza de que as manhãs, absolutamente felizes, nasciam ali mesmo. Meu mundo era o Páteo do Mercado e se estendia pela antiga Rua do Porto Geral, até o Rio Tietê. Havia, à direita, um velho trilho, bordejando suas margens, até a Passaginha – uma enorme laje de pedra, por onde o Ribeirão da Serra se despejava e, com ele, todo moleque de respeito.
>
> Seguindo o ribeirão, atingia-se a Pontinha, onde, para mim, ele acabava, engolido pela vegetação. A Pontinha era cheia de mistérios. De um lado se voltava para as bandas proibidas e assombradas da Santa Cruz. Eu tomava o lado oposto, que me devolvia ao Páteo do Mercado. A visão do velho sobrado repunha toda a segurança que a aventura me roubava.

> O outro lado do velho sobrado, onde o sol morria, somente fui descobrir anos mais tarde, já no início da adolescência. Brotaram os primeiros versos, mergulhado na beleza da tarde. Depois, bem depois, mergulhado em angústias existenciais indefinidas, mas sinceras e profundas.
>
> Na solidão da escada do poente, convivi com poetas e pensadores. Convivi comigo mesmo, de forma intensa. Era um estranho paradoxo – eu escapava da paz e da alegria da vida cotidiana para, deliberadamente, refugiar-me na ilha do sofrimento, da dor, da inquietação, da perplexidade. Um mundo paralelo – posso hoje constatar – ao mundo real, onde tudo acontecia exatamente de acordo com as previsões e os padrões esperados, talvez por mim mesmo.

Ali, na minha frente, o célebre Dr. Araldo, de tantas realizações, transmutou-se em Dado. O homem virou menino outra vez.

POSFÁCIO

UM ADVOGADO DO BEM!

Alberto Zacharias Toron, advogado criminalista, Conselheiro Federal da Ordem dos Advogados do Brasil (OAB) e sócio da Toron Advogados

Estabeleci meus primeiros contatos com o Dr. Antonio Araldo Ferraz Dal Pozzo no início da década de 1990. Ele era Procurador-Geral de Justiça de São Paulo durante o governo Fleury. Eu tinha alguns amigos que faziam parte da equipe dele, e o que mais chamava a atenção desses meus amigos – ponto que também passei a observar – era a forma gentil com que Araldo tratava as pessoas, mesmo ocupando um cargo tão importante.

Ele nunca fez distinção entre posição social, nível hierárquico ou idade. Sempre tratou a todos com muito carinho. Eu mesmo percebia isso, pois, sendo 14 anos mais jovem, essa circunstância nunca foi problema na nossa relação. É um homem simples, no melhor sentido da palavra, porque simplicidade na forma de ser não impede sofisticação intelectual, como é o caso dele.

Nosso relacionamento se estreitou quando Araldo deixou o Ministério Público e passou a advogar. Estabelecemos uma parceria entre nossos escritórios. Ele me encaminhava causas criminais, minha especialidade, e eu lhe encaminhava causas do Direito Administrativo, área que ele domina como poucos. Muitas vezes atuamos juntos em processos que envolviam esses dois aspectos simultaneamente.

Percebo que ele trouxe para a advocacia muito da vivência no Ministério Público. Na prática, isso resulta numa visão mais alargada das situações. Visão que lhe dá, inclusive, a capacidade de prever lances dos oponentes. Isso não tem preço. Eu não gostaria, sinceramente, de me deparar com o Araldo na parte contrária. É que, além de toda a experiência acumulada, ele é muito dedicado e estudioso – nunca perdeu essa característica e tenho certeza de que jamais a perderá.

Conviver com o Araldo me proporcionou inúmeros ensinamentos ao longo de todos esses anos, extraídos muitas vezes das situações mais cotidianas. Certa vez, ele me trouxe uma causa e eu logo saí enumerando uma série de caminhos que poderíamos seguir para sufocar a parte contrária. Ele então me olhou com um sorriso e me aconselhou a ter calma, pois ainda poderia surgir um acordo. E completou com uma tirada sensacional, que jamais esqueci:

–Você está parecendo aquele pistoleiro que segue adiante mesmo quando o contratante se arrepende e decide desfazer a encomenda. "Agora não dá mais, doutor, já peguei raiva do sujeito."

Ele sempre foi assim, bem-humorado. Sem jamais deixar de ser sério, porque uma coisa não elimina a outra. Eu me identifico muito com esse jeito de ser, que talvez seja um dos nossos principais pontos de convergência.

Para selar essa grande amizade, o filho dele, Augusto Dal Pozzo, o Guto, grande professor de Direito Administrativo da PUC, passou a dar aulas para o meu filho Pedro. É com muito orgulho e alegria que vejo nossos laços se ampliando para as gerações seguintes.

CÓCEGAS EM VEZ DE BRIGA: ESTE É MEU IRMÃO

Valéria Ferraz Dal Pozzo (Léia)

Tenho muitas lembranças da infância ao lado do Dado, meu único irmão, quatro anos mais velho. Uma das primeiras cenas que vêm à minha cabeça é ele me fazendo cócegas como "castigo" por eu ter aprontado algo. Eu era um tanto espevitada, e ele sempre foi muito centrado, incapaz de sair do prumo – ao menos por fatos cotidianos como as pequenas provocações típicas entre irmãos.

Apesar da dimensão doméstica e afetuosa envolvida nessa cena, acredito tratar-se de uma boa metáfora para sintetizar o temperamento do meu irmão: tolerância, empatia, capacidade de entender e de perdoar. Não tenho a menor dúvida de que ele nasceu predestinado a trabalhar na área da Justiça, pois reúne todos os atributos naturais para compreender a complexidade da vida e avaliar os temas sob os mais diversos pontos de vista.

Ele sempre estudou muito. Gosta de buscar conhecimentos em múltiplas fontes para construir suas opiniões com base em informação. Ao mesmo tempo, nunca fez o tipo exigente e controlador no que diz respeito aos estudos dos filhos – até porque sofreu um bocado com isso na infância e na adolescência. Nossa mãe exigia um alto número de horas diárias dedicadas às tarefas escolares ou à leitura. Muitas vezes, as outras crianças estavam brincando livremente e nós precisávamos cumprir a nossa cota de estudos.

Por sorte, tanto ele quanto eu éramos naturalmente estudiosos e não víamos essa obrigação como um fardo tão pesado – eu, inclusive, virei professora. Se bem que, preciso reconhecer, meu irmão era um pouco mais exigido nos estudos do que eu. Em contrapartida, ele tinha muito mais liberdade para atividades sociais, naquela época em que as meninas eram protegidas dos "perigos do mundo".

Dado evitou que os filhos sentissem os estudos como um peso, embora tenha sempre permanecido como referência forte em casa ao demonstrar conhecimentos sobre os mais diversos temas. Nenhum dos filhos queria decepcioná-lo. Assim, todos se dedicavam às atividades escolares mesmo sem a vigilância constante do pai.

Pelo que acompanhei da trajetória profissional do meu irmão, esse jeito de ser que eu conhecia tão bem influenciou diretamente o seu estilo profissional. Ele se transformou em um líder que inspira quem está ao redor pela força da argumentação, e não por gritos ou palavras duras – ainda que, como eventual recurso de intimidação, pudesse recorrer à voz grave e poderosa, característica da nossa família.

Como costuma ocorrer com a maioria dos irmãos, convivemos mais intensamente durante a infância. Quando ele deixou Tietê para estudar em São Paulo, eu tinha 14 anos, mas com muitas histórias em comum já vividas. Quantas vezes eu senti orgulho quando Dado ia me buscar na escola, especialmente na fase em que eu, meio briguenta, tinha lá minhas rivais? Eu

imaginava a inveja que isso provocava nas outras meninas. Afinal, meu irmão era bonitão, alto, com um vozeirão – enfim, um "pão", como se dizia naquela época.

Hoje, quando me lembro daqueles anos, tenho um entendimento cada vez maior de como éramos felizes. Juntos, numa cidade pequena e acolhedora, convivendo com nossos pais, avós e amigos, experimentando os primeiros amores, com aquela doce sensação de ter a vida toda pela frente – sensação que só valorizamos, de verdade, bem mais tarde.

Outro dia, encontrei uma foto em que eu e meu irmão aparecíamos lado a lado, bem jovens, sorrindo. Mandei uma cópia com a seguinte anotação no verso: "Dado, quanto mais tempo se passa, mais o conheço e mais feliz me sinto por ser sua irmã". Acho que essa frase resume tudo.

ENTREVISTAS REALIZADAS

Alberto Zacharias Toron
Antonio Araldo Ferraz Dal Pozzo
Aristides Junqueira Alvarenga
Augusto Neves Dal Pozzo
Beatriz Neves Dal Pozzo Cunha
Boanerges Alves Lima Filho
Castellar Modesto Guimarães Filho
Chiara Dal Pozzo Gomes
Christiane Neves Dal Pozzo Gomes
Daniela Dal Pozzo Rascovski
Elza Rodrigues Lugon
Evane Beiguelman Kramer
Fernão Dias de Campos
Francisco Stella Júnior
Frederico Augusto Neves Araújo
Gabriela Tomaselli Bresser Gonçalves Pereira Dal Pozzo
Gianpaolo Poggio Smanio
Guilherme Dal Pozzo Rascovski
Isabela Dal Pozzo Rascovski
João Negrini Neto
José Amaro Cury
José Carlos Cosenzo
Leonardo Alvarenga Cunha
Luís Celso Gomes da Silva
Luis Daniel Pereira Cintra
Luiz Cesar Gama Pellegrini
Luiz Rascovski
Manuela Bresser Gonçalves Pereira Dal Pozzo
Marcella Bresser Gonçalves Pereira Dal Pozzo
Márcio Cammarosano
Maria Stela Neves Dal Pozzo
Mario Luiz Sarrubbo
Nilson Naves
Pedro Franco de Campos
Percival José Bariani Júnior
Pietra Dal Pozzo Gomes
Renato Martins Costa
Silvio Luís Ferreira da Rocha
Valéria Ferraz Dal Pozzo
Walter Paulo Sabella